PROGRAMA DE INICIACIÓN CRISTIANA DE LIGUORI

Jornada de Fe

PARA NIÑOS

CATECUMENADO GUÍA DEL MAESTRO

LIBROS LIGUORI™

***Jornada de Fe para Niños, Catecumenado Guía del Maestro* (827280)**

Imprimi Potest: Stephen T. Rehrauer, CSsR, Provincial de la Provincia de Denver

Imprimatur: "Conforme al *CIC* 827, el 13 de julio de 2017, el reverendo Mark S. Rivituso, obispo auxiliar de la archidiócesis de St. Louis, concedió el permiso de publicación. El Imprimátur es un permiso para la publicación que indica que la obra no contiene contradicciones con las enseñanzas de la Iglesia Católica, sin embargo no implica la aprobación de las opiniones que se expresan en ella. Con este permiso no se asume ninguna responsabilidad".

Para hacer pedidos, visite Liguori.org o llame al 800–325–9521.

Editora de 2017 *Journada de Fe para Niños*: Theresa Nienaber-Panuski.
Arte/Diseño de: Wendy Barnes, Lorena Mitre Jimenez, John Krus, y Bill Townsend.
Imágenes: Soloviova Liudmyla/Shutterstock. Ilustraciones del interior: Jeff Albrecht

Publicado con licencia eclesiástica. Textos de la Escritura tomados de la *Biblia de Jerusalén Latinoamericana*, Desclee de Brower, Bilbao, España. Todos los derechos reservados. Los textos del *Catecismo de la Iglesia Católica* y demás textos pontificios fueron tomados con permiso de *Libreria Editrice Vaticana*; versión en español.

Extractos de *The Rites of the Catholic Church, Volume One* (abbreviated *RICA* herein) © 1990 Liturgical Press.
Extractos de *Modern Catholic Dictionary* por P. John A. Hardon, SJ © 1999 Eternal Life.
Cumple con *The Roman Missal, Tercera Edición.*

Impreso en los Estados Unidos de América.
23 22 21 20 19 / 6 5 4 3 2
Tercera edición.

Contenido

El Catecumenado: Un Periodo y Un Proceso 4

Ritos correspondientes al catecumenado 5

Espónsores y padrinos: bien preparados y dando aportes significativos 7

La catequesis efectiva durante el catecumenado.......7

Sugerencias prácticas...8

Integración a la comunidad parroquial 9

Planes de Clase del Catecumenado 10

C1. El proceso y los ritos del RICA

C2. Los sacramentos: Introducción

C3. El sacramento del Bautismo

C4. El sacramento de la Confirmación

C5. El sacramento de la Eucaristía

C6. El sacramento de la Penitencia y la Reconciliación

C7. El sacramento de la Unción de los Enfermos

C8. El sacramento del Matrimonio

C9. El sacramento del Orden Sacerdotal

C10. El pueblo de Dios

C11. La Iglesia de los inicios

C12. Historia de la Iglesia

C13. Vivir hoy a la manera de Jesús

C14. Cuidar de todas las criaturas de Dios

C15. Decir siempre sí a la vida

C16. Cuidar de la comunidad de Dios

Glosario del Catecumenado 106

El Catecumenado: Un Periodo y Un Proceso

Desde los primeros tiempos de la Iglesia, el término "catecumenado" fue generalmente utilizado para hacer referencia a la totalidad del proceso de conversión e iniciación cristianas. Su duración se prolongaba durante varios años e incluía la instrucción formal, los actos penitenciales y los ritos públicos que ratificaban la aprobación de la comunidad, así como el cambio de condición del catecúmeno.

En la actualidad, el término *catecumenado,* así como el de *catecúmeno* en algunos aspectos, se refiere a una determinada etapa del proceso típico del RICA. Al rito de aceptación se le ha dado el nombre de "primer paso" aunque la mayoría de los participantes pasan, antes de ponerse en contacto con una parroquia católica, por un período de indagación y por años de discernimiento personal mantenidos en reserva (*RICA* 42). Y aunque técnicamente el rito de elección "cierra el período del catecumenado propiamente dicho", los catecúmenos (ya para entonces *los elegidos*) y los candidatos continúan reuniéndose durante meses sin haber sido todavía plenamente iniciados (*RICA* 118; ver también el *National Statutes for the Catechumenate,* 6).

El periodo del catecumenado continúa siendo el alma del proceso del RICA. Los miembros del equipo, los catequistas y los participantes deberán aprovechar todos sus beneficios y permitir que fluya de forma natural. En aquella ocasiones en las que una persona interesada se incorpora al proceso más tarde que los demás, la Cuaresma comienza en fecha temprana u ocurren circunstancias excepcionales, puede que resulte conveniente extender la duración de este periodo en vez de precipitarlo o no darle la debida atención a las necesidades y experiencias del participante.

Si bien es cierto que el catecumenado está evidentemente reservado para la impartición de una instrucción más formal y para la presentación de los fundamentos de la doctrina, él es también un tiempo para que los participantes practiquen y apliquen su fe. La Iglesia establece cuatro metas para el catecumenado (*RICA* 75). Durante este periodo, los participantes:

1. recibirán una "catequesis adecuada... planificada para resultar gradual y completamente abarcadora... Esta catequesis no solo llevará al catecúmeno a familiarizarse con los dogmas y preceptos, sino también a adquirir un profundo sentido del misterio de la salvación..." (ver también el *Decreto sobre la Actividad Misionera de la Iglesia* [*Ad Gentes*], 14, del Concilio Vaticano II).
2. "se familiarizarán con el estilo de vida cristiano..., aprenderán a recurrir a Dios orando con mayor entrega...y practicar el amor al prójimo aun al costo de la autorrenunciación".
3. participarán en "ritos litúrgicos adecuados que poco a poco les purifiquen y les fortalezcan con la gracia de Dios...En la Misa podrán también tomar parte con los fieles en la liturgia de la Palabra, con lo que irán preparándose mejor para el logro del objetivo final de participar en la liturgia de la Eucaristía".
4. "aprenderán cómo trabajar activamente con otros para la difusión del Evangelio y la edificación de la Iglesia..."

Durante el catecumenado, los catecúmenos y candidatos experimentarán "un progresivo cambio en sus puntos de vista y en su moral" (*Ad Gentes* 13). Los maestros y espónsores del RICA pueden servir como catalizadores de esta transformación espiritual al propiciarles oportunidades para la reflexión y la interacción con la comunidad, y al apoyarles en sus estudios con informaciones claras y precisas. Muchas de las características del programa y los materiales de la *Jornada de Fe* sirven de ayuda para el logro de dichas metas.

Con anterioridad al rito de elección, los maestros, espónsores y los propios participantes habrán de constatar que se ha producido un incremento en la comprensión y apropiación de la fe cristiano-católica de estos últimos. La firma en el *Libro de los Elegidos* representa el rotundo "sí" a Cristo y a la Iglesia que se inició en el corazón de él o ella a partir del rito de aceptación.

Ritos correspondientes al catecumenado

Celebraciones de la Palabra de Dios

El catecumenado, y en realidad todo el proceso del RICA, está intrínsecamente conectado con el año litúrgico. La iglesia recomienda que el proceso del RICA se extienda durante al menos un año para garantizar que los catecúmenos experimenten la plenitud del misterio pascual tal como se refleja en la liturgia.

Los participantes de muchos de los grupos del RICA asisten juntos a la liturgia dominical de la Palabra. Otros se reúnen durante la semana para proclamar y reflexionar sobre las venideras lecturas. Se pueden combinar estas celebraciones con las sesiones catequéticas o mantenerlas separadas. Independientemente de cómo estructures el proceso del RICA, es de importancia vital que se mantenga la conexión con los tiempos del año litúrgico y se aborden las Escrituras con regularidad y en actitud devota.

Modelo para una celebración de la Palabra de Dios

1. *Canto.* La celebración se inicia con un himno o canto apropiado.
2. *Lecturas y salmo responsorial.* Un miembro bautizado, idealmente un lector entrenado, proclama una o dos lecturas de las Escrituras. Al igual que en la misa, a la primera o primeras lecturas del Antiguo Testamento le(s) sigue(n) un salmo cantado o en forma de recitación y respuesta.
3. *Lección.* El director del RICA, el párroco u otro catequista entrenado ofrece una breve explicación de las lecturas y de su aplicación.
4. *Ritos de despedida.* La celebración concluye con una oración y uno o más de los ritos opcionales que aparecen a continuación (*RICA* 85–89).

Ritos opcionales

Durante este periodo, los catecúmenos y candidatos pueden alimentar su espíritu con otros ritos litúrgicos. La Iglesia ofrece textos y lineamientos para exorcismos menores (peticiones de fuerza ante los retos a la fe y en la lucha contra las tentaciones), bendiciones y unciones que pueden efectuarse aisladamente o como conclusión de una celebración de la Palabra (*RICA* 90–103). Habla con tu sacerdote o diácono acerca de cuándo y dónde pueden resultar de beneficio para su grupo.

Tendrás también que determinar qué ritos son apropiados para el periodo de Discernimiento y cómo encajarán en las semanas que nos preparan para la Vigilia Pascual. La presentación del Credo y la de la Oración del Señor pueden ser transferidas para una etapa tardía del catecumenado si resultase necesario hacerlo, pero el sacerdote, el diácono o el director de educación religiosa (DER) deberán garantizar que los catecúmenos estén listos para ello con antelación.

Si los ritos de elección y/o llamado son celebrados por el obispo en otro lugar de la diócesis, tanto la parroquia como los participantes sacarán provecho de la celebración del *rito del envío.* Con este rito, el párroco der la localidad y la comunidad aprobarán y celebrarán preliminarmente la preparación alcanzada por los participantes (ver *RICA* 106–17, 434–45, 530–46). Con ello se pone de manifiesto que su amor y su apoyo, aunque distantes, están presentes, y se fortalece a los catecúmenos y los candidatos para su regreso y para el ingreso al tiempo de la Cuaresma.

El rito de elección

El rito de elección es un importantísimo hito en el viaje emprendido por los catecúmenos del RICA. Por lo general tiene lugar el primer domingo de Cuaresma, momento en el que los catecúmenos hacen voto público de fidelidad a la Iglesia y firman el Libro de los Elegidos. Los candidatos bautizados participan en el *rito del llamado a los candidatos a la conversión permanente* o en un rito combinado. Estos ritos son similares a los de los catecúmenos pero no incluyen firma alguna.

El programa de la *Jornada de Fe* proporciona un bosquejo básico del rito de elección en la lección C1: *el proceso y los ritos del RICA* y da en la lección D1: *Decir sí a Jesús*, la preparación espiritual que brindan la Escritura y la reflexión.

"Antes del rito de elección, el obispo, los sacerdotes, diáconos, catequistas, padrinos y madrinas, y la comunidad entera tendrán (deberán tener) un criterio acerca del estado en que se encuentran la formación y el progreso de los catecúmenos" (*RICA* 121). Esto no significa que haya que realizar una entrevista o un examen; sin embargo, puede que los párrocos que no hayan participado en las sesiones del RICA deseen conversar brevemente contigo acerca del grupo.

Este es un buen momento para recopilar retroalimentación y experiencias de los miembros del equipo y los espónsores con los catecúmenos. Registrar y compartir datos e historias de especial significación puede servir como testimonio de la fe del individuo, así como para fortalecer el obrar del Espíritu en la comunidad y la participación del RICA en ello.

El obispo normalmente da su aceptación a la participación de los catecúmenos y candidatos en sus respectivos ritos, y preside la ceremonia. Se celebre o no el rito de elección en tu parroquia, anima a todos los miembros del equipo, a los espónsores, a los familiares inmediatos y a los amigos cercanos a que asistan al mismo. Prepara a los catecúmenos repasando los pasos o ensayando las respuestas con antelación. Puede resultar muy útil que se realice en tu iglesia parroquial un ensayo con los niños que participarán en esos ritos puesto que así se familiarizarán con lo que acontecerá ese día y se calmarán sus nervios y temores. El rito se desarrolla de la siguiente manera:

1. El rito, celebrado en el contexto de una misa, comienza con la liturgia de la Palabra.
2. Después de la homilía, el celebrante llama a los catecúmenos por sus nombres y les pide que pasen adelante en compañía de sus padrinos y madrinas.
3. El celebrante se dirige a la asamblea y pregunta a los padrinos y madrinas si estos jóvenes son "merecedores de ser admitidos" (*RICA* 131). Pregunta si se han "preparado suficientemente...escuchando reverentemente la palabra de Dios... [y] respondido". Los padrinos y madrinas responden, "Lo han hecho".
4. Él pregunta a los catecúmenos si desean ingresar a la Iglesia. Ellos contestan "Lo deseamos".

5. Después de quedar asentadas las firmas en el Libro de los Elegidos, el celebrante declara que ya tienen ese carácter. Los exhorta a permanecer fieles y a "alcanzar la plenitud de la verdad" y a sus padrinos y madrinas a mantener su "amoroso cuidado y su ejemplo" (*RICA* 133).
6. La comunidad ofrece sus intercesiones por los elegidos.
7. El celebrante reza por los elegidos y los despide antes de continuar con la liturgia de la Eucaristía.

Espónsores y padrinos y madrinas: bien preparados y dando aportes significativos

El trabajo del espónsor del RICA en la parroquia comienza, por lo general, durante el periodo de indagación y continúa durante todo el catecumenado. Puesto que esta función oficial termina con el comienzo de la Cuaresma, el catecúmeno elegirá un padrino o una madrina para su bautizo. Los padrinos pueden ser personas ajenas a la parroquia. Lo ideal es que él o ella sea alguien que haya sido para el catecúmeno un modelo cristiano y que continúe siéndolo para que le sirva de apoyo a lo largo de su vida. Al padrino o la madrina le corresponde presentar al catecúmeno en el rito de elección y acompañarle en la intensa preparación final para la iniciación. El padrino o la madrina darán su apoyo al elegido en la celebración de los sacramentos y le ayudarán a continuar su formación cristiana después de la Pascua. Si bien muchos espónsores parroquiales hacen también de padrinos o madrinas, o de espónsores de la confirmación en el caso de los candidatos ya bautizados, todos los espónsores pueden continuar ofreciendo sus oraciones y apoyo durante toda la duración del proceso de iniciación y después de él.

Al igual que en el caso del espónsor un padrino o madrina tiene que ser un católico activo. El que tenga desde antes una relación personal con el catecúmeno es un elemento a su favor, pero el padrino o madrina no debe ser un familiar cercano. El padrino y la madrina han de ser capaces de juzgar el progreso y la fe del catecúmeno objetivamente, y plantearle el reto de llevar un modo de vida cristiano. Esta responsabilidad puede interferir con el apoyo personal que, naturalmente, se deriva de la relación familiar, y no todos los seres queridos se sienten calificados o preparados para asumirla. Los candidatos con padrinos y madrinas de bautizo elegibles pueden pedirles que sean sus espónsores para la confirmación. Una vez que el padrino o la madrina haya sido escogido y aprobado, se le invitará a las sesiones semanales y a cualquier preparativo para los ritos.

Tanto los espónsores como los padrinos y madrinas son acompañantes en la jornada emprendida por su participante. No todo el mundo puede recorrer la misma distancia ni al mismo paso, pero unos aprenden de los otros durante la jornada. Los contactos personales establecidos mediante estas relaciones conforman una unidad entre la parroquia y la comunidad cristiana en general. Anímales a disfrutar del viaje.

La catequesis efectiva durante el catecumenado

La meta de la catequesis en el RICA es más la conversión que la maestría académica o religiosa. Deberá ser clara y directa y ha de ser presentada de acuerdo con el nivel de los participantes. Debe ser precisa, apropiada para la edad de aquellos que la reciben, y fomentar la comprensión y la aceptación de lo transmitido. Tiene que tocar los corazones de los participantes y encender la luz de la fe en sus vidas. Tiene que guardar relación con sus experiencias personales o se correrá el riesgo de que se le deje a un lado como algo que no viene al caso.

El modelo catequético o proceso de formación en la fe generalmente implica tres cosas:

1. *La experiencia de vida.*
2. *El mensaje o doctrina.*
3. *La respuesta.*

El testimonio personal resulta importante en la mayoría, si es que no en todos, los grupos que discuten temas relativos a la fe, y lo es especialmente en el RICA. Al contar sus historias, los catequistas, espónsores y participantes comienzan a conformar una pequeña comunidad de fe, comprenden mejor las interrogantes de los demás, les brindan su apoyo en la jornada emprendida y reflexionan sobre la suya propia.

Los sacramentos son de cardinal importancia para la vida cristiana y, por lo tanto, lo son también para las sesiones del catecumenado de la *Jornada de Fe*. La imágenes y símbolos asociados con cada sacramento transmiten un significado bíblico y teológico y se relacionan directamente con nuestro actuar como católicos. El saber esto resulta esencial para la comprensión y la aceptación de nuestra fe, y hará más profundas las experiencias sacramentales y litúrgicas de todos.

El mejor programa del RICA es el que trasciende las sesiones semanales e incluye la oración privada, la lectura o estudio espiritual y los actos de caridad, justicia y misericordia. El proceso involucra cada vez más a la comunidad de fe, la familia y otras personas. Al irse aproximando la Vigilia Pascual, busca la forma de que los catecúmenos y candidatos puedan aplicar los temas y conceptos tratados, y puedan dar testimonio de su crecimiento en la fe, tanto en palabras como en hechos.

Sugerencias prácticas

- Una vez que los participantes comienzan a asistir a misa o a celebrar la Palabra, establece señales y rutinas que refuercen la devoción religiosa. Los espónsores pueden ayudarte a modelar el comportamiento apropiado hasta tanto los participantes los hayan interiorizado.
- Haz un uso óptimo de los materiales y medios auxiliares de los que dispones. Infórmate sobre los puntos fuertes y flacos de los diferentes formatos, medios y tipos de presentación. Estudia el contenido de la *Jornada de Fe* en busca de sugerencias para la oración y las actividades. Descubre cuándo y cómo es necesario complementar los temas de las lecciones, tanto para participantes específicos como para el conjunto de todos ellos.
- Infórmate sobre las necesidades y preferencias de tus catecúmenos y candidatos. Continúa dejando algún tiempo para sus preguntas e inquietudes. Adapta el ambiente y las sesiones de modo tal que atraigan la atención de los diversos tipos de estudiantes y aumenten su comprensión. Cosas tan sencillas como las oraciones, los decorados y unos snacks y bebidas refrescantes pueden hacer más interesante el ambiente y añadirle un toque personal.
- Establece contacto con los directores espirituales de tu localidad que tengan experiencia en el trabajo con niños. Anímales a que sirvan a todos los participantes y estén siempre dispuestos a atenderles.
- Cuando les presentes los sacramentos, permite a los catecúmenos examinarlos e interactuar con ellos. Comparte con tus catecúmenos fotos y vídeos de ceremonias recientes. Invita a espónsores, miembros del clero y otras personas a describir sus experiencias. Compáralas con las tradiciones y símbolos propios de otras culturas. Anima a los miembros del grupo de jóvenes de tu parroquia a participar en el programa con charlas, preparación de paquetes con regalos útiles y atractivos, o sirviendo de alguna forma como mentores de los niños de tu grupo.

- Haz de la historia de la salvación y de la Iglesia algo vivo. Muestra una escena de una representación moderna de uno de los sucesos narrados en la Biblia o de la vida de un santo o santa. Comparte con ellos un artículo, una nota periodística o un vídeo transmitido por una fuente noticiosa católica sobre un suceso actual o un tema que venga al caso.

Integración a la comunidad parroquial

Para muchos de la parroquia, los ritos de aceptación y bienvenida serán el primer vistazo que tendrán del proceso del RICA y de los nuevos participantes. Este incremento de su visibilidad es una gran oportunidad para iniciar o renovar la participación de la comunidad en el proceso. Según el equipo del RICA y los participantes vayan compenetrándose y sintiéndose más cómodos con el proceso, sigue buscando modos en los que puedan interactuar con su familia en la fe.

- Asegúrate de que, el párroco despida en la misa al grupo del RICA desde el rito de aceptación hasta la Vigilia Pascual. El reconocimiento público de la presencia de los catecúmenos y candidatos refuerza su dedicación y pone de manifiesto el reconocimiento y aprecio de la comunidad por este ministerio. La bendición del sacerdote también fortalece su fe y su dedicación al estudio.
- En Adviento, asistan todos juntos a un servicio de oración, una devoción o una adoración propios de ese tiempo para darles a conocer a los participantes las tradiciones católicas.
- Recuérdales a los fieles de la parroquia rezar por los catecúmenos y candidatos, presentarse a ellos antes o después de la misa, y compartir su fe con los demás.
- Invita a los fieles a asistir a las sesiones semanales del RICA. Ello es el mejor reflejo de la naturaleza comunal del proceso y pone de manifiesto el continuo apoyo der la Iglesia.
- Involucra a los miembros del equipo, a los espónsores y a los miembros del ministerio en la obtención de los materiales, objetos religiosos y medios auxiliares visuales y de audio. Con frecuencia, hay personas que disponen de estas cosas y con ello se elimina la necesidad de comprarlas.
- Invita a los ministros y voluntarios de la parroquia a hablar con los participantes, especialmente si estos no conocen el papel que dichas personas o grupos desempeñan:
    - El comité de liturgia, el director musical, los sacristanes y el coordinador de las bodas pudieran contar cómo se preparan para la misa, los sacramentos y los funerales.
    - Un grupo de estudios bíblicos o un grupo de jóvenes pudiera dar alguna información o materiales sobre pasajes clave de la Biblia o sobre acontecimientos de la historia de la Iglesia.
    - El equipo provida o la Sociedad de San Vicente de Paúl pudieran proporcionarles ejemplos de cómo defienden la dignidad y la vida humanas y trabajan en pro de la justicia en la comunidad local. Ellos pudieran también invitar a los participantes a brindar su contribución o servir como voluntarios.

C1: El proceso y los ritos del RICA

Catecismo: 1229–33, 1247–49

Objetivos

- Distinguir entre los ritos del RICA para los catecúmenos y los correspondientes a los candidatos bautizados.
- Distinguir entre los ritos reglamentarios y los ritos opcionales.
- Darse cuenta de que cada uno de los ritos tiene como resultado un mayor compromiso y una unión más intensa con toda la Iglesia en su conjunto.

Meditación del maestro

Juan 1:35–42

Al igual que los profetas antes que él, Juan el Bautista indicó el camino conducente a Dios y formó a personas listas para escucharle y responder a la invitación a acercarse y seguirle. Si bien los caminos y las intenciones varían de persona a persona, podemos hacer que brille Jesús, el que pone de manifiesto quiénes somos y nos reúne y une en su nombre.

Preparación del maestro

- Lee la lección, este plan de clase, el pasaje de las Escrituras y el las secciones del *Catecismo*.
- Si es que todavía no lo has hecho, determina cuál es el estado sacramental de cada uno de los participantes y su nivel de formación. Disponte a explicar las diferencias que ello implica con respecto al proceso. Haz referencia a esta guía, a las políticas de la parroquia o la diócesis, o a los propios *ritos*.
- Consigue copias de las instrucciones de tu parroquia relacionadas con los ritos de aceptación y bienvenida así como fotos y vídeos de anteriores ritos del RICA, y/o programa que un antiguo participante en el RICA o el párroco comparta sus experiencias sobre esa temporada.
- Haz una lista de todas la fechas importantes y de los principales eventos a los que se espera asistan los participantes. Haz dos copias para cada uno de ellos.
- Familiarízate con el siguiente vocabulario: comprometerse, rito de aceptación, sacramentos de iniciación, rito de bienvenida, rito de elección, Libro de los Elegidos, elegido, escrutinios, Credo, Credo de Nicea, rito de iniciación, neófito. Las definiciones aparecen en el glosario de esta guía.

Bienvenida

Saluda a los niños según vayan llegando. Comprueba si dispones de los materiales y artículos diversos que pudieras necesitar. Pide que hagan cualquier pregunta o comentario que tengan acerca de la sesión anterior y/o compartan con el grupo cualquier nueva información o conclusión en su poder. Comienza rápidamente.

Lectura inicial

Juan 1:35–42

Enciende la vela y lee el pasaje en voz alta. Recuerda a los niños que este es un relato del llamado hecho por Jesús a sus primeros discípulos y que Jesús también nos llama a cada uno de nosotros. Convoca a un momento de silencio y acoge con beneplácito las reacciones que se produzcan.

> La riqueza insondable del Misterio de Cristo es tal que ninguna tradición litúrgica puede agotar su expresión. La historia del nacimiento y del desarrollo de estos ritos testimonia una maravillosa complementariedad.
>
> *CCC 1201*

El proceso y los ritos del RICA

Lisa y Tanya estaban muy entusiasmadas con su próxima reunión del RICA.

"Me siento como si formara parte de un club especial", dijo Tanya.

Lisa asintió. "No quiero perderme ningún encuentro. Me gusta mucho aprender sobre Dios, la fe y la Iglesia".

"¡A mí también! Estoy ansiosa por ser miembro de la Iglesia. Me alegro mucho de que mami me hiciera venir a estos encuentros".

CATECUMENADO C1

NIÑOS

CIC 1229–1233, 1247–1249

El proceso y los ritos del RICA

Entre todos elaboren una definición de qué significa "comprometerse". Después hagan una lista de las cosas que una persona necesita hacer para estar "comprometida" con algo.

Algunas de las posibles respuestas incluyen: estar decidido a hacer algo, estar dispuesto a renunciar a otras cosas por aquello con lo que estás comprometido, trabajar bien duro para concluir algo.

Dales a los niños la oportunidad de responder por sí mismos las preguntas de reflexión y pide después voluntarios que comenten sus respuestas a una o ambas preguntas.

Rito de aceptación o rito de bienvenida

Después de leerles sobre los ritos, pide a los niños que indiquen, levantando la mano, quién participará en uno u otro rito. Si los niños no comprenden, repite la petición. Pon énfasis en que el bautismo es la razón de la separación entre esos ritos.

Rito de elección

Insísteles a los niños en que, en este caso, "elección" significa decir sí o estar de acuerdo con algo (nadie va a votar para decidir si les eligen o no para ingresar a la Iglesia, son ellos quienes eligen, o escogen, solos el pertenecer a ella).

Dales tiempo para contestar la pregunta de reflexión por sí mismos, o pide que cada uno de ellos escriba en una tarjeta una palabra que resuma cómo se siente con relación a convertirse en católico (*nervioso, asustado, emocionado, alegre, ansioso*) e indícales que no pongan su nombre en su tarjeta. Recógelas, barájalas y entonces lee las palabras a todo el grupo. ¡Lo más probable es que muchos de los participantes se sientan de igual forma!

Cuando uno se **compromete** a hacer algo, uno promete hacerlo pase lo que pase. Eso exige una gran decisión y perseverancia, lo cual significa que no siempre es fácil hacer un compromiso. A veces nuestro compromiso se refiere a hacer las cosas que hacen nuestros amigos. A veces nuestro compromiso no resulta divertido todo el tiempo.

Es como cuando uno se compromete a sacar "A" en una asignatura. Tienes que renunciar a pasar un rato con tus amigos para ponerte a hacer la tarea y estudiar. Tienes que esforzarte mucho en clases. Es muy agradable sacar una "A". Es duro esforzarse por conseguirla.

Convertirse en católico es también así. Uno decide que quiere ser católico. Se entusiasma con ello. Quiere saber aún más sobre la fe católica, pero no siempre resultará fácil. Hay que asistir a todas las sesiones. Hay que participar en las discusiones. Hay que hacer trabajos y realizar actividades. Convertirse en católico puede resultar una tarea difícil, ¡pero vale la pena!

¿Por qué quieres ser católico?

¿Qué te ayuda a comprometerte con metas importantes?

¡Rito, ritos y más ritos!

Rito de aceptación o rito de bienvenida

Si nunca te has bautizado, tu camino para convertirte en católico comienza con el **rito de aceptación**. Manifestarás ante los fieles de tu parroquia tu deseo de convertirte en católico. Después, en la Vigilia Pascual, recibirás los tres **sacramentos de la iniciación**: el Bautismo, la Confirmación y la Eucaristía.

Si ya te has bautizado en una iglesia cristiana, tu jornada comienza con el **rito de bienvenida**. Dirás ante la comunidad parroquial que deseas de ser católico. Entonces recibirás los sacramentos de la Confirmación y la Eucaristía.

He aquí lo que sucederá:

1. El sacerdote presentará a cada persona por su nombre y le preguntará qué quiere él o ella de la Iglesia.
2. El sacerdote hará la señal de la cruz en la frente de cada persona.
3. Los catecúmenos y candidatos permanecerán en la iglesia para las lecturas y entonces se retirarán con sus maestros o catequistas para asistir a su clase.

¿De cuál de estos ritos formarás parte?

Rito de elección

Continuarás aprendiendo sobre la fe católica. Entonces se te preguntará nuevamente si quieres ser católico. A esto se le denomina **rito de elección**. El rito de elección generalmente se celebra el primer domingo de Cuaresma. En esta elección, toda la parroquia manifiesta su conformidad con que ya estás preparado o preparada para ser católico.

Así se desarrollará:

1. Tu espónsor hablará sobre ti y comunicará a la Iglesia que ya estás preparado para ser católico.
2. El sacerdote u obispo te preguntará si estás listo para ser católico. Si respondes que sí, tu nombre es inscrito en un libro especial. Este libro se denomina **Libro de los Elegidos**.
3. El sacerdote u obispo anuncia que tú, y todos los demás que se están convirtiendo en católicos junto contigo, son ahora "miembros de los **Elegidos**".
4. El Rito concluirá con rezos y una bendición.

¿Cómo te sientes al convertirte en católico? ¿nervioso, entusiasmado, asustado...? ¿Por qué?

Escrutinios (para los no bautizados)

Cuando escrutas algo, lo examinas con mucho cuidado. Durante los **escrutinios**, se te harán preguntas que te ayudarán a pensar muy cuidadosamente en cómo eres y en tu amistad con Dios. Examinarás las ocasiones en las que hiciste cosas malas y lastimaste a Dios. Entonces podrás pedir perdón por esas cosas y prometer que tratarás de ser mejor. También darás las gracias a Dios por todas las cosas buenas que te aproximan a él. Por último, el sacerdote rezará por que te veas libre de todo pecado.

Solo los que no hayan sido bautizados con anterioridad formarán parte de los escrutinios oficiales, ¡pero todos podemos escudriñar siempre nuestras vidas y buscar la forma de acercarnos más a Dios!

¿De qué forma pudieras acercarte más a Dios esta semana?

Presentación del Credo

El **Credo** es el resumen de las principales doctrinas católicas. El credo que pronunciamos en misa recibe en nombre de **Credo de Nicena o Credo Niceno**, y en uno de los domingos de Cuaresma recibirás una copia de él. Esta oración es muy importante para los católicos, ¡así que sería muy bueno que la memorices!

Presentación de la Oración del Señor

La Oración del Señor se conoce también como Padrenuestro. Nosotros decimos el Padrenuestro durante la misa (¡y en otras muchísimas ocasiones!). En uno de los domingos de Cuaresma tú recibirás una copia de la Oración del Señor. También deberás aprenderte de memoria esta oración.

El gran día

El **rito de iniciación** se celebra la noche anterior al Domingo de Pascua, en la celebración conocida como Vigilia Pascual. Es una noche muy especial. La iglesia está en total oscuridad cuando comienza la misa y, entonces, comienza a iluminarse lentamente. Es en esta misa que recibirás por primera vez los sacramentos. Entonces te convertirás en un **neófito** o nuevo católico. La Vigilia Pascual es una misa muy alegre porque ¡la Iglesia celebra la resurrección de Jesús y tu nueva vida como católico!

Es así como se desarrollará la Vigilia:

1. Se prende un fuego del que se encenderá la gran vela pascual. Al ser llevada por el pasillo central, los asistentes encenderán en su llama velas más pequeñas.
2. Se cantan himnos especiales. Resuenan las campanas para anunciar que Jesús ha resucitado.
3. Después del Evangelio que narra la resurrección de Jesús, el sacerdote pronuncia una homilía. Después pide, a quienes van a ser bautizados, que se acerquen.
4. El sacerdote bendice el agua del bautismo y entonces la derrama sobre la cabeza de cada catecúmeno.
5. Los que acaban de ser bautizados visten de blanco como muestra de que han sido creados de nuevo.
6. También reciben velas bautismales que se encienden con la vela pascual.
7. Entonces se pide a los candidatos que se unan a los recién bautizados.
8. Los catecúmenos y candidatos dirán en voz alta que creen en la Iglesia Católica.
9. Todos ellos reciben el sacramento de la Confirmación.
10. Después, los nuevos católicos encabezan la fila de quienes van a recibir la comunión ¡y participan en su primera eucaristía!

Escrutinios

Analiza esta sección con el grupo y recuerda a los participantes bautizados que, aunque ellos no participarán en los escrutinios oficiales, también ellos deberán examinar sus vidas muy atentamente. Anima a los participantes a participar en el sacramento de la reconciliación (si es que pueden).

La pregunta de reflexión será respondida en grupo mediante la elaboración de una lista de todos los modos en que pueden acercarse más a Dios en el transcurso de esta semana.

El gran día

Repasa los pasos con el grupo pero recuérdales a los niños que no tienen que memorizarlo todo de inmediato. Todo el periodo del catecumenado los preparará para recibir los sacramentos. Cuando la Vigilia Pascual llegue, ellos estarán preparados.

Actividad final

Dales tiempo a los niños para que terminen la actividad antes de que finalice la sesión. Circula entre ellos mientras trabajan, ratifica las respuestas correctas y aclara cualquier confusión que haya. A continuación aparecen las respuestas.

ENLAZAR

Enlaza las palabras de la izquierda con el significado que a cada una corresponda en la columna derecha.

A. Candidato — _____ Sacramentos recibidos en la Vigilia Pascual

B. Rito de Aceptación — _____ Un signo de pureza, de ser una "nueva creación"

C. Escrutar — _____ Ceremonia en la que una persona no bautizada es presentada en la iglesia.

D. Rito de bienvenida circunstancia — _____ Seguir adelante con un propósito en toda

E. Rito de elección — _____ Ceremonia en la que una persona es elegida para convertirse en católica

F. Comprometerse — _____ Un nuevo católico

G. Bautismo, Confirmación y Eucaristía — _____ Ceremonia en la que un bautizado no católico es presentado en la iglesia

H. Vestimenta blanca — _____ Examinar algo con gran cuidado

I. Neófito — _____ Una persona bautizada que desea ser católica

Resumen

- El RICA incluye múltiples ritos para los catecúmenos y candidatos.
- Algunos ritos son requisito indispensable, otros son opcionales.
- Cada rito aumenta la cercanía a Dios y la Iglesia.

Jornada de Fe para Niños, Catecumenado, C1 (827020)

Imprimi Potest: Stephen T. Rehrauer, CSsR, Provincial de la Provincia de Denver.

Imprimatur: "Conforme al *CIC* 827, el 13 de julio de 2017, el reverendo Mark S. Rivituso, obispo auxiliar de la archidiócesis de St. Louis, concedió el permiso de publicación. El Imprimátur es un permiso para la publicación que indica que la obra no contiene contradicciones con las enseñanzas de la Iglesia Católica, sin embargo no implica la aprobación de las opiniones que se expresan en ella. Con este permiso no se asume ninguna responsabilidad".

Jornada de Fe © 2000, 2017 Liguori Publications, Liguori, MO 63057. Para hacer pedidos, visite *Liguori.org* o llame al 800-325-9521. Liguori Publications, corporación no lucrativa, es un apostolado de los Redentoristas. Para saber más acerca de los Redentoristas visite "Redemptorists.com".

Edición del 2017: Theresa Nienaber-Panuski and Pat Fosarelli, MD, DMin.

Diseño y producción: Wendy Barnes, John Krus, Lorena Mitre Jimenez, Bill Townsend. Ilustraciones: Jeff Albrecht.

LIBROS LIGUORI

Impreso en los Estados Unidos de América. 21 20 19 18 17 / 5 4 3 2 1. Tercera edición.

ISBN 978-0-7648-2702-0

A. Candidato — **G** Sacramentos recibidos en la Vigilia Pascual

B. Rito de Aceptación — **H** Un signo de pureza, de ser una "nueva creación"

C. Escrutar — **B** Ceremonia en la que una persona no bautizada es presentada en la iglesia

D. Rito de bienvenida — **F** Seguir adelante con un propósito en toda circunstancia

E. Rito de elección — **E** Ceremonia en la que una persona es elegida para convertirse en católica

F. Comprometerse — **I** Un nuevo católico

G. Bautismo, Confirmación y Eucaristía — **D** Ceremonia en la que un bautizado no católico es presentado en la iglesia

H. Vestimenta blanca — **C** Examinar algo con gran cuidado

I. Neófito — **A** Una persona bautizada que desea ser católica

Oración final

Recen todos juntos el Padrenuestro. Esta oración proclama la unicidad de Dios, la fidelidad a su voluntad y la frecuencia con la que nos alimenta en el camino de la fe.

Tarea

Entrega a los participantes dos copias de una lista con las fechas importantes y los principales eventos del proceso del RICA. Oriéntales que entreguen la lista a su espónsor o a sus padrinos o padres. Anímalos a que pongan esas fechas en su calendario o en el calendario de la familia antes de la próxima sesión.

C2: Los sacramentos: introducción

Catecismo: 1084, 1087, 1113–34, 1210–12, 1420–21, 1533–35

Objetivos

- Enumerar los siete sacramentos oficiales de la Iglesia.
- Descubrir que los sacramentos tienen sus raíces en las enseñanzas de Jesús y en el Nuevo Testamento.
- Definir los sacramentos como signos tangibles del amor de Dios.

Meditación del maestro

Mateo 28:16–20

Jesús promete, "yo estoy con vosotros todos los días hasta el fin del mundo". Mediante los sacramentos, el Señor está visiblemente presente en la Iglesia y en nuestras vidas. Cada sacramento que recibimos aumenta tanto la presencia del Señor como nuestra percepción de esa presencia. No estamos solos en nuestra jornada de fe. Jesús nos acompaña en cada paso que damos en ese camino.

Preparación del maestro

- Lee la lección, este plan de clase, el pasaje de la Escritura y las secciones del *Catecismo.* Prepárate para responder las inquietudes surgidas con respecto a la doctrina y la práctica de los sacramentos.
- Se correspondería muy bien con el mensaje de esta lección que esta semana hicieras algo especial para tu clase o invitaras al equipo de extensión u hospitalidad de la parroquia a hacerlo. Unos dulces o caramelos u otros modestos obsequios pondrían de manifiesto que los signos exteriores son expresión de realidades —como el constante apoyo de la parroquia.
- Familiarízate con el vocabulario de esta lección: sacramento. La definición aparece en el glosario de esta guía.

Bienvenida

Saluda a los niños según vayan llegando. Comprueba si dispones de los materiales y artículos diversos que pudieras necesitar. Pide que hagan cualquier pregunta o comentario que tengan acerca de la sesión anterior y/o compartan con el grupo cualquier nueva información o conclusión en su poder. Comienza rápidamente.

Lectura inicial

Mateo 28:16–20

Enciende la vela y lee en voz alta. Después de la lectura pide a los niños que hagan una lista de las maneras en que Jesús "está con nosotros todos los días..."

> Los sacramentos, como "fuerzas que brotan" del Cuerpo de Cristo siempre vivo y vivificante, y como acciones del Espíritu Santo que actúa en su Cuerpo que es la Iglesia.
>
> *CCC 1116*

Los sacramentos: introducción

"Hoy vamos a conversar sobre el amor", anunció la señora Evans.

Terrence y Tomás se miraron el uno al otro y pusieron los ojos en blanco. "¿Qué tiene que ver el amor con ser católico? ¡Yo no sabía que, para ser católico, había que estar enamorado!"

La señora Evans se rió. "No se trata del amor romántico. Hoy vamos a hablar del amor de Dios. Dios nos ama muchísimo a todos nosotros. Tanto que hasta murió por nosotros".

NIÑOS

CIC 1084, 1087, 1113–34, 1210–12, 1420–21, 1533–35

Los sacramentos: introducción

Elabora en la pizarra (si dispones de una) un diagrama de Venn y enumera los rasgos del amor que se siente por alguien que le gusta mucho a uno y los rasgos del amor que sentimos por la familia.

En el amor por quien nos gusta mucho: *encontramos linda o lindo a esa persona (atracción), estás loco o loca por él o ella, le haces regalitos, le haces cartas especiales, estás siempre pensando en él o ella, y otras cosas por el estilo.*

En el amor por la familia: *todos quieren lo que es mejor para los demás, no siempre se llevan bien, se cuidan los unos a los otros, se dan ánimo entre sí, etcétera.*

Pide después a los niños que cada uno responda por sí solo a la pregunta de reflexión.

Cómo decir "Te amo"

Entre todo el grupo encuentren algunos otros ejemplos de diferentes formas en que se le puede decir "Te amo" a las personas que significan mucho para uno.

Le dices "Te amo" a Dios cuando prestas atención a la misa o cuando rezas solo. Puedes decirles a tus abuelos "Los amo" si trabajas arreglándoles el patio sin que te lo pidan. Puedes decirles a los parientes que viven lejos "Los amo" enviándoles una tarjeta o haciéndoles una llamada solo por el placer le hablar con ellos.

¿Cómo manifiesta Dios su amor por ti?

¿Cuántas formas hay de decir "Te amo"?

Tu abuelita va a venir a visitarlos. Hace mucho que no la ves. Cuando la recibas a la puerta, ¿cómo le dirás "Te amo, Abue"?

Puedes decir "Te amo" con un abrazo.

Tu mejor amigo(a) está enfermo(a) en cama. Le extrañas mucho y sabes que también te extraña a ti. ¿Cómo le dirás "Te quiero" a tu mejor amigo(a)?

Puedes decir "Te quiero" con una tarjeta o una visita.

Es el cumpleaños de tu mamá. Quieres darle algo, pero no tienes dinero. ¿Cómo le dirás, "Te amo, mami"?

Puedes decirle "Te amo" ayudándola con las labores de la casa.

Tu padre llega muy cansado a casa. Quieres mostrarle amor y aliviar su cansancio. ¿Cómo le dirás "Te amo"?

Lo mejor de todo es decirle simplemente, "¡Te amo, papá!"

¿Cómo dice Jesús "Te amo"?

Jesús dijo a la gente "Te amo" de muchas maneras diferentes. En la Biblia podemos leer acerca del amor de Jesús.

Jesús cura al leproso

Un día, Jesús iba caminando con una muchedumbre. Un hombre que padecía de lepra le dijo, "Señor, si quieres puedes limpiarme". Jesús lo tocó y le dijo, "Quiero, queda limpio". El hombre quedó curado inmediatamente.

Adaptado de Mateo 8:1–3

¿Cómo dijo Jesús "Te amo"?

Jesús alimenta a la multitud

Jesús estaba hablando a una multitud de cinco mil personas. Era tarde y la gente estaba hambrienta. Los discípulos dijeron, "Despídelos para que busquen algo de comer". Pero Jesús dijo, "Aliméntenlos ustedes". Ellos solo tenían dos peces y cinco panes, con lo que no podían alimentarlos a todos. Jesús les dijo entonces, "Díganles que se sienten en grupos de cincuenta". Jesús miró al cielo y bendijo y partió el alimento. Los discípulos tomaron los pedazos de pescado y de pan y alimentaron a toda la gente. Y todavía sobró comida.

Adaptado de Lucas 9:12–17

¿Cómo dijo Jesús "Te amo"?

¿Cómo dice Jesús "Te amo"?

Puedes examinar cada una de las secciones que aparecen a continuación con todo el grupo junto o, si prefieres que la sesión resulte más interactiva, puedes dividir a los niños en cuatro grupos y encargar a cada uno de ellos un pasaje de la Escritura que posteriormente expondrá a los demás. (Si te hicieran falta más grupos, puedes utilizar las historias adicionales que aparecen al final de la sección: Juan 9:6–7 y Lucas 19:1–10.)

Jesús cura al leproso

Jesús dice "Te amo" al curar al enfermo de lepra por la gran fe que este tenía en Jesús.

Jesús alimenta a la multitud

Jesús dice "Te amo" dando al pueblo abundante alimento (más del que necesitaban).

Jesús sirve a sus amigos

En la Última Cena, Jesús le levantó de la mesa, se quitó sus vestiduras y se ciñó una toalla a la cintura. Después lavó los pies de sus discípulos y los secó con la toalla. Jesús dijo, "Les he dado un ejemplo. Deben servir a los demás como yo les he servido a ustedes".

Adaptado de Juan 13:4–15

¿Cómo dijo Jesús "Te amo"?

Jesús quiere a los niños

La gente traía a sus bebés y niños para que Jesús los bendijera, pero sus discípulos trataban de mantenerlos apartados. Jesús se molestó y dijo, "Dejen que los niños venga a mí. No los detengan porque el reino de los cielos les pertenece a ellos". Entonces bendijo y abrazó a los niños.

Adaptado de Marcos 10:13–16

¿Cómo dijo Jesús "Te amo"?

Hay muchas otras historias en la Biblia acerca de cómo Jesús decía "Te amo" mientras estuvo en este mundo. Jesús tocó, alimentó, curó y ayudó a la gente. Busca en la Biblia las siguientes historias para qué veas qué amoroso maestro es Jesús. ¿Qué hizo en cada una de esas narraciones?

- Juan 9:6–7
- Lucas 19:1–10

Jesús sigue diciendo "Te amo"

Jesús prometió a sus discípulos que estaría siempre con ellos. Jesús está hoy con nosotros en los sacramentos. Un **sacramento** es un signo visible de algo que es real pero no puede verse. Cuando el sacerdote derrama agua sobre alguien durante el bautismo, eso es un signo de que Dios está *realmente* lavando el pecado de esa persona. Los siete sacramentos de la Iglesia son la forma en que Jesús nos toca, alimenta y sana ahora.

Todos los sacramentos comienzan con algo que Jesús hizo o dijo. Las palabras, cosas y símbolos no son mágicos ni engañosos. Mediante cada sacramento, Jesús viene *realmente* a nosotros y nos muestra su amor.

Escribe tres maneras en las que puedas expresar, de palabra u obra, el amor a la manera de Jesús.

1. ______________________________

____

2. ______________________________

____

3. ______________________________

____

CATECUMENADO

JOURNADA DE FE

Jesús sirve a sus amigos

Jesús dice "Te amo" al lavarles los pies a sus amigos para mostrarles cuánto les quería y para mostrarles cómo se sirve a los demás.

Jesús quiere a los niños

Jesús dice "Te amo" cuando no rechaza a los niños y los bendice.

Entre todo el grupo se responderá cómo dice Jesús "Te amo" en los dos pasajes que aparecen a continuación.

- **Juan 9:6–7**
  Jesús dice "Te amo" al devolverle la vista al ciego.
- **Lucas 19:1–10**
  Jesús dice "Te amo" al mostrarse misericordioso con Zaqueo y perdonarle porque, a pesar de que en el pasado había hecho cosas malas, estaba realmente arrepentido de sus acciones.

Jesús sigue diciendo "Te amo"

Dales tiempo a los niños para que respondan solos la pregunta de reflexión. Pídeles entonces a los niños que cada uno de ellos diga qué puede hacer para que Jesús sepa que le ama y haz una lista con esas respuestas. Puedes incluso hacer con esa lista un *poster* que puedes colocar en el aula o a la entrada de tu iglesia parroquial para motivar a los fieles para que se involucren en tus clases del RICA.

Actividad final

Dales tiempo a los niños para que terminen la actividad en la clase. A continuación aparecen las respuestas.

BÚSCALAS Y ENCUÉNTRALAS

Las siguientes palabras están ocultas en alguna parte de esta sopa de letras.

- ALIMENTAR
- SANAR
- AMOR
- PRESENCIA
- SACRAMENTO
- SIGNO
- TOCAR

V	B	T	E	A	L	I	M	E	N	T	A	R	R	M
F	S	X	S	C	A	V	D	O	S	S	I	G	N	O
Q	D	U	A	X	B	K	C	A	R	A	H	K	L	C
V	M	K	N	J	G	Z	C	Z	D	I	B	V	L	D
P	R	H	A	C	R	R	Q	E	S	C	S	A	J	T
B	F	N	R	O	A	R	G	V	T	N	A	P	P	X
X	C	C	M	M	J	A	Q	T	Z	E	E	E	Q	C
T	M	A	E	Q	X	C	F	U	G	S	L	S	K	N
Z	X	N	O	W	J	O	C	R	V	E	M	J	F	D
M	T	I	L	G	Y	T	H	Q	F	R	C	Z	O	J
O	U	P	H	V	U	V	Y	U	T	P	Q	R	V	P

Resumen

- La Iglesia tiene siete sacramentos oficiales.
- Jesús estableció los sacramentos en la tierra.
- Los sacramentos son signos físicos del amor de Dios.

Jornada de Fe para Niños, Catecumenado, C2 (827020)

Imprimi Potest: Stephen T. Rehrauer, CSsR, Provincial de la Provincia de Denver.

Imprimatur: "Conforme al *CIC* 827, el 13 de julio de 2017, el reverendo Mark S. Rivituso, obispo auxiliar de la archidiócesis de St. Louis, concedió el permiso de publicación. El Imprimátur es un permiso para la publicación que indica que la obra no contiene contradicciones con las enseñanzas de la Iglesia Católica, sin embargo no implica la aprobación de las opiniones que se expresan en ella. Con este permiso no se asume ninguna responsabilidad".

Jornada de Fe © 2000, 2017 Liguori Publications, Liguori, MO 63057. Para hacer pedidos, visite *Liguori.org* o llame al 800-325-9521. Liguori Publications, corporación no lucrativa, es un apostolado de los Redentoristas. Para saber más acerca de los Redentoristas visite "Redemptorists.com".

Edición del 2017: Theresa Nienaber-Panuski and Pat Fosarelli, MD, DMin.

Diseño y producción: Wendy Barnes, John Krus, Lorena Mitre Jimenez, Bill Townsend. Ilustraciones: Jeff Albrecht.

LIBROS LIGUORI

Impreso en los Estados Unidos de América. 21 20 19 18 17 / 5 4 3 2 1. Tercera edición.

V	B	T	E	A	L	I	M	E	N	T	A	R	R	M
F	S	X	S	C	A	V	D	O	S	S	I	G	N	O
Q	D	U	A	X	B	K	C	A	R	A	H	K	L	C
V	M	K	N	J	G	Z	C	Z	D	I	B	V	L	D
P	R	H	A	C	R	R	Q	E	S	C	S	A	J	T
B	F	N	R	O	A	R	G	V	T	N	A	P	P	X
X	C	C	M	M	J	A	Q	T	Z	E	E	E	Q	C
T	M	A	E	Q	X	C	F	U	G	S	L	S	K	N
Z	X	N	O	W	J	O	C	R	V	E	M	J	F	D
M	T	I	L	G	Y	T	H	Q	F	R	C	Z	O	J
O	U	P	H	V	U	V	Y	U	T	P	Q	R	V	P

Oración final

Recen el *Gloria* todos juntos. Esta sencilla oración proclama la fiel presencia de Dios en nuestras vidas —ayer, hoy y mañana.

Tarea

Pide a los niños que escojan (en su cabeza, no tienen que decirlo en voz alta) a un miembro de su familia a quien durante esta semana le demostrarán, con palabras o acciones, que le quieren.

C3: El sacramento del Bautismo

Catecismo: 1213–84

Objetivos

- Identificar al bautismo como uno de los siete sacramentos de la Iglesia.
- Comenzar a descubrir las raíces históricas y escriturales del bautismo.
- Enumerar algunos de los importantes símbolos del bautismo.

Meditación del maestro

Marcos 1:4–11

La mayoría de nosotros no podemos recordar nuestro bautizo. Así todo, durante toda la duración de nuestra jornada repasamos y rehacemos las promesas hechas por nosotros por nuestros padrinos. Al prepararte para esta lección, renueva tus promesas bautismales y reza por la gracia y la fuerza necesarias para convertirte en todo aquello para lo que Dios te ha creado.

Preparación del maestro

- Lee la lección, este plan de clase, el pasaje de la Escritura y las secciones del *Catecismo*.
- Ten a mano una copia de las promesas bautismales para reflexionar sobre ellas en la oración final.
- Trae al aula agua bendita, aceite crismal, piezas de las vestimentas blancas que se usan en el bautismo y una vela bautismal para que los niños los hagan circular entre ellos.
- Familiarízate con el vocabulario de esta lección: agua, aceite crismal, vestimenta blanca, vela. Las definiciones aparecen en el glosario de esta guía.

Bienvenida

Saluda a los niños según vayan llegando. Comprueba si dispones de los materiales y artículos diversos que pudieras necesitar. Pide que hagan cualquier pregunta o comentario que tengan acerca de la sesión anterior y/o compartan con el grupo cualquier nueva información o conclusión en su poder. Comienza rápidamente.

Lectura inicial

Marcos 1:4–11

Enciende la vela y lee en voz alta. Antes de comenzar con la lección impresa, elabora una lista con todos los elementos presentes en el bautismo de Jesús: alguien que oficie el bautismo (Juan), agua, Dios Padre, el Espíritu Santo, una paloma y otras personas.

> La fe que se requiere para el Bautismo no es una fe perfecta y madura, sino un comienzo que está llamado a desarrollarse. Al catecúmeno o a su padrino se le pregunta: "¿Qué pides a la Iglesia de Dios?" y él responde: "¡La fe!"
>
> CCC 1253

El sacramento del Bautismo

"¿Por qué no puede la gente bautizarse sin que lo empapen de agua?" preguntó Tanya a Terrence en voz muy baja.

La señora Evans les oyó y dijo, "¡Esa es una pregunta muy buena! El agua es un importante signo del bautismo. ¿De qué creen ustedes que es específicamente el agua un signo?"

CIC 1213–84

El sacramento del Bautismo

El grupo deberá elaborar, entre todos, la respuesta a la pregunta de discusión y análisis. Si a los niños les resultara difícil responderla, diles que piensen en el bautismo de Jesús como lo describe el pasaje de la Escritura que acabas de leerles, o que piensen en algunos de los usos que tiene el agua para nosotros.

El agua nos ayuda a mantenernos limpios, el agua nos permite lavar las cosas, el agua potable nos mantiene saludables, etcétera. En el bautismo, el agua nos lava (nos limpia) y se lleva el pecado original. El bautismo nos proporciona la gracia de llevar una vida espiritualmente saludable.

Juan el Bautista: el elegido de Dios

Al ir avanzando en la lectura de esta lección, pregunta a los niños quién creen ellos que asumirá el papel de Juan el Bautista durante su bautizo. (*El sacerdote*) ¿Y por qué? (*Al sacerdote Dios le ha dado [u ordenado] un trabajo especial. El sacerdote nos habla sobre Jesús y cómo quiere Dios que sean nuestras vidas. Por medio del sacerdote, Dios nos concede su gracia y lava nuestros pecados*).

Integración a la familia de Dios

Después de leer esta sección, si dispones de tiempo para ello, elabora junto al grupo una lista de las "Reglas de la familia de Dios". Puedes comenzar esta actividad preguntándoles a los niños si han oído hablar de los Diez Mandamientos o de la Regla de Oro. Ese puede ser el punto de partida. Haz hincapié en que, al igual que en nuestras familias, esas reglas no existen para hacernos infelices sino para que vivamos seguros y contentos.

Entre esas "reglas de la familia" pudiera mencionarse ayudar a otras personas, no chismear ni hablar mal de nadie, hacer —sin que nos lo pidan o nos den nada— trabajos que no nos gusta hacer, obedecer a nuestros padres a la primera vez que nos pidan hacer algo, respetar las cosas de los demás, y utilizar un lenguaje correcto aunque estemos molestos.

¿Por qué creen ustedes que el agua es tan importante para el bautismo?

Juan el Bautista: el elegido de Dios

Juan el Bautista era una persona fuera de lo común. Vestía ropas hechas de pelo de camello. Comía saltamontes y miel. Vivía solo en el desierto, lejos de villas y pueblos. La gente de muchas millas a la redonda iba a escucharle hablar. Él le decía a la gente que recurrieran a Dios y comenzaran una nueva vida. Después las bautizaba en las agua del río Jordán. Es por eso que le llamaban Juan "el Bautista". Bautizar a la gente con agua simbolizaba que sus pecados eran removidos con ella.

Dios escogió a Juan para otra tarea aún más importante que esa. Juan debía anunciar a todos que Jesús iba a venir. Juan decía,

> *"Yo os bautizo en agua para conversión; pero aquel que viene detrás de mí es más fuerte que yo" (Mateo 3:11; ver también Lucas 3:16 y Marcos 1:7–8).*

Jesús es "aquel que venía" y era más fuerte que Juan, y hoy Jesús sigue bautizando a cada nuevo cristiano con el Espíritu Santo.

Comienza tu nueva vida

El primer sacramento que recibes al convertirte en católico es el Bautismo. Cuando eres bautizado renaces en la familia de Jesús. En tu nueva vida Jesús te conduce y guía por su camino de amor. En tu nueva vida, vives para Dios, tal como hizo Jesús cuando estuvo en el mundo.

Integración a la familia de Dios

Tú perteneces a la familia de Dios desde el mismo momento en que eres bautizado. Esta familia está formada por todas las personas que rezan contigo en la iglesia y que le rezan a Jesús en todo el mundo. ¡Es una familia muy grande!

Al igual que sucede en tu familia en tu hogar, el ser miembro de la familia de Dios significa compartir con ella ciertas responsabilidades. En casa tienes quehaceres, ayudar en diferentes cosas y obedecer las reglas establecidas por tus padres. Pasa lo mismo con la familia de Dios. Tú tienes que servir a otros, ayudar a los necesitados y obedecer los mandamientos de Dios.

¿Cómo se desarrolla un bautizo?

En el bautizo, el sacerdote o diácono derrama agua en tu cabeza o sumerge tu cabeza en la pila bautismal o piscina. El **agua** es un signo de que todos tus pecados están siendo arrastrados mediante el bautismo. Te conviertes en una nueva persona, fresca y limpia —como ropa acabada de sacar de la lavadora.

El agua también hace que las cosas crezcan. Los agricultores dependen del agua para producir sus cosechas. Las flores, la hierba y los árboles no podrían vivir sin agua —como tampoco podrían vivir ni los animales ni las personas. Cuando te bautizas, el agua bendita te ayuda a crecer en el amor y en tu nueva vida con Dios.

¿Cómo se desarrolla un bautizo?

Al analizar cada uno de los pasos del sacramento, haz circular entre los niños el símbolo asociado al mismo para que puedan verlo y tocarlo. Eso es conveniente incluso para los niños que ya han sido bautizados porque no todas las iglesias cristianas utilizan los mismos símbolos bautismales.

También pudieras pedirles a los niños que ya han sido bautizados si en su bautismo también se incluyó alguno de esos símbolos. Pon énfasis en los símbolos compartidos y la unidad de todas las iglesias cristianas en torno al sacramento del Bautismo (razón por la cual quienes ya han sido bautizados no recibirán nuevamente el sacramento).

Después del bautismo, se te unge con el **aceite crismal**. Este es un aceite especial que ha sido bendecido por un obispo. Esta unción significa que eres parte del reino de Dios.

A continuación se te viste con una túnica o **vestimenta blanca** que muestra que eres una persona totalmente nueva y que te has dejado arropar por Jesús.

Por último, uno de tus padres, o tu padrino o madrina, encenderá una **vela** con el fuego de la gran vela pascual. Decimos que Jesús es la luz del mundo. Tu vela bautismal muestra que Jesús es también tu luz. Ahora eres un "hijo de la luz".

¿Y qué viene ahora?

Como nuevo católico...

- aprenderás sobre Jesús y el amor de Dios por nosotros leyendo la Biblia, participando en la misa dominical y asistiendo a las clases de educación religiosa.
- cumplirás los Diez Mandamientos, las leyes que Dios dio a su pueblo muchos miles de años atrás.
- recibirás los sacramentos dados por Jesús a su Iglesia.
- amarás a los demás como Dios te ha amado a ti.
- vivirás en la paz y felicidad de la familia de Dios, ¡y eso es lo mejor de todo!

¿Y qué viene ahora?

Pregunta a los niños qué es lo que los tiene más entusiasmados con su bautizo y con convertirse en miembro de la Iglesia Católica.

Actividad final

Dales tiempo a los niños para que terminen la actividad antes de que termine la sesión. Circula entre ellos mientras trabajan, ratifica las respuestas correctas y aclara cualquier confusión que haya. Si los niños tienen preguntas sobre su propio bautismo o sobre su status sacramental que no puedes responder, anótalas y retómalas posteriormente.

A continuación aparecen las respuestas a la actividad.

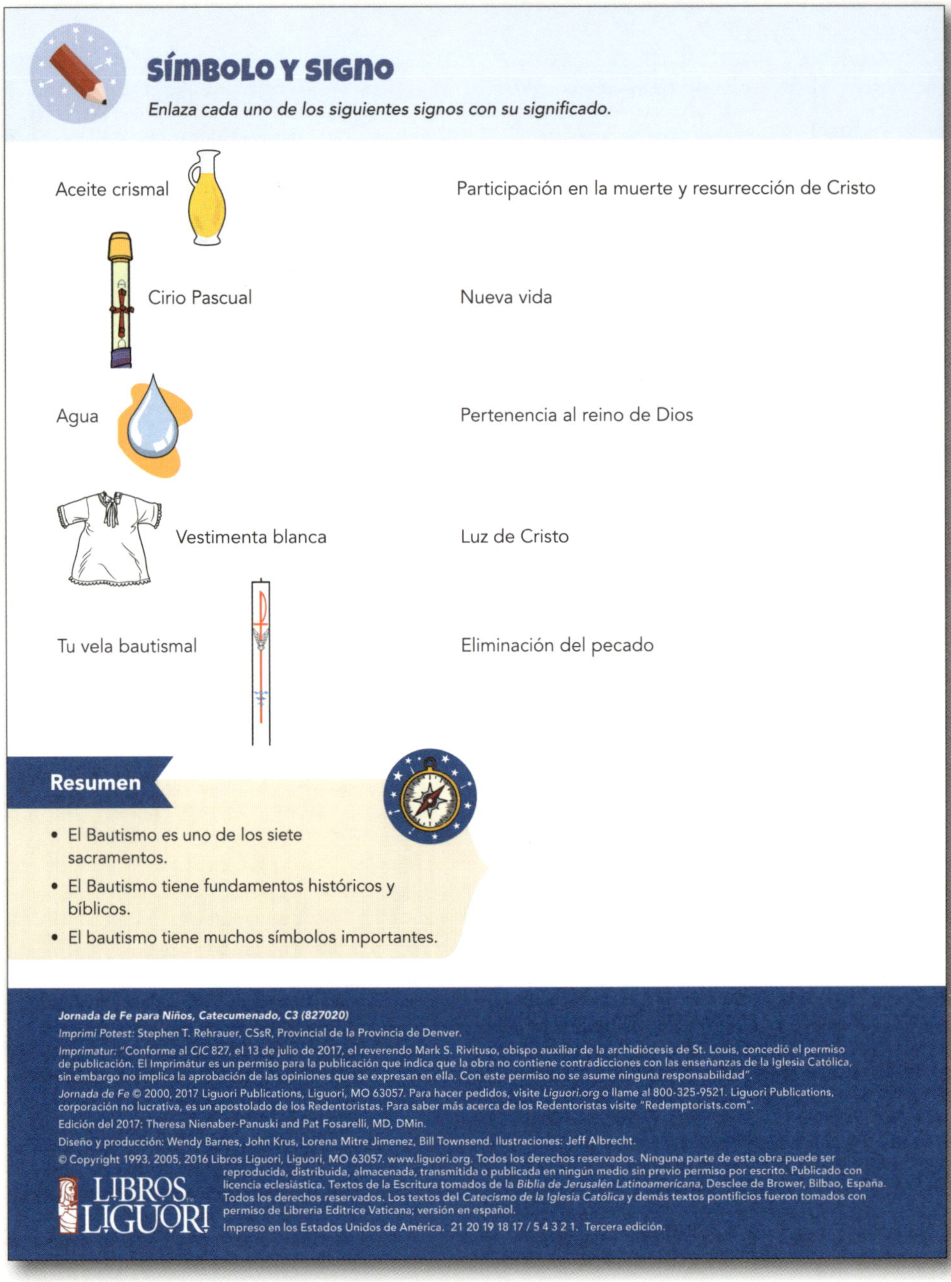

SÍMBOLO Y SIGNO

Enlaza cada uno de los siguientes signos con su significado.

Aceite crismal	Participación en la muerte y resurrección de Cristo
Cirio Pascual	Nueva vida
Agua	Pertenencia al reino de Dios
Vestimenta blanca	Luz de Cristo
Tu vela bautismal	Eliminación del pecado

Resumen

- El Bautismo es uno de los siete sacramentos.
- El Bautismo tiene fundamentos históricos y bíblicos.
- El bautismo tiene muchos símbolos importantes.

Jornada de Fe para Niños, Catecumenado, C3 (827020)

Imprimi Potest: Stephen T. Rehrauer, CSsR, Provincial de la Provincia de Denver.

Imprimatur: "Conforme al *CIC* 827, el 13 de julio de 2017, el reverendo Mark S. Rivituso, obispo auxiliar de la archidiócesis de St. Louis, concedió el permiso de publicación. El Imprimátur es un permiso para la publicación que indica que la obra no contiene contradicciones con las enseñanzas de la Iglesia Católica, sin embargo no implica la aprobación de las opiniones que se expresan en ella. Con este permiso no se asume ninguna responsabilidad".

Jornada de Fe © 2000, 2017 Liguori Publications, Liguori, MO 63057. Para hacer pedidos, visite *Liguori.org* o llame al 800-325-9521. Liguori Publications, corporación no lucrativa, es un apostolado de los Redentoristas. Para saber más acerca de los Redentoristas visite "Redemptorists.com".

Edición del 2017: Theresa Nienaber-Panuski and Pat Fosarelli, MD, DMin.

Diseño y producción: Wendy Barnes, John Krus, Lorena Mitre Jimenez, Bill Townsend. Ilustraciones: Jeff Albrecht.

Impreso en los Estados Unidos de América. 21 20 19 18 17 / 5 4 3 2 1. Tercera edición.

aceite crismal	pertenencia al Reino de Dios
cirio pascual	participación en la muerte y resurrección de Cristo
agua	eliminación del pecado
vestimenta blanca	nueva vida
tu vela bautismal	luz de Cristo

Oración final

Para la oración final, haz que los niños te sigan cuando lees cada una de las promesas bautismales. Termina con la siguiente oración. Los niños repetirán tras de ti cada una de las líneas.

Señor Jesucristo,
concédenos la gracia
de cumplir nuestras promesas bautismales
cada día de nuestras vidas
mientras nos esforzamos
para resucitar contigo.
Gracias por este sacramento,
por quitar nuestro pecado,
y por enseñarnos a vivir
una vida de gracia.
Amén.

Tarea

Pide a los niños y padres que creen esta semana en casa sus propias "Reglas de la familia de Dios" y las coloquen en un lugar bien visible a todos.

C4: El sacramento de la Confirmación

Catecismo: 1285–1321

Objetivos

- Reconocerán que mediante la confirmación el Espíritu nos empoderará como discípulos y testigos de nuestra fe.
- Valorar la importancia del espónsor y del nombre (de santo) bautismal.
- Identificar las que acciones que confiere el sacramento de la Confirmación.

Meditación del maestro

Hechos 1:8–11 y Hechos 8:14–17

Todos hemos sido testigos de la promesa de Jesús de enviarnos el Espíritu Santo. Este Espíritu llega, como fue prometido, con el poder de convertirnos en testigos ante el mundo entero. Tu testimonio —o sea, tu vida cotidiana llena de amor y centrada en Cristo— es tu mejor herramienta para transmitir la fe a la de las jóvenes criaturas encomendadas a ti.

Preparación del maestro

- Lee la lección, este plan de clase, la lectura inicial y las secciones del *Catecismo*.
- Si tu presupuesto te lo permite o si puedes conseguir que algún ministerio de la parroquia lo done, consigue copias del *Choosing Confirmation Names for Young Women* o *Choosing Confirmation Names for Young Men* para repartirlas a todos los niños del grupo y ayudarles a escoger un nombre de confirmación. (Ambos folletos se pueden obtener de Liguori Publications en Liguori.org)
- Familiarízate con el vocabulario de esta lección: imposición de las manos, ungido. Las definiciones se encuentran en el glosario de esta guía.

Bienvenida

Saluda a los niños según vayan llegando. Comprueba si dispones de los materiales y artículos diversos que pudieras necesitar. Pide que hagan cualquier pregunta o comentario que tengan acerca de la sesión anterior y/o compartan con el grupo cualquier nueva información o conclusión en su poder. Comienza rápidamente.

Lectura inicial

Hechos 1:8–11 y Hechos 8:14–17

Enciende la vela lee en voz alta. Explica que la acción simbólica descrita en Hechos 8, la imposición de las manos, sigue siendo hoy parte fundamental del ritual de la Confirmación. Antes de comenzar tu lección, pregunta a los niños qué piensan ellos que quiere decir "recibir el Espíritu".

> Es preciso, pues, explicar a los fieles que la recepción de este sacramento es necesaria para la plenitud de la gracia bautismal. En efecto, a los bautizados "el sacramento de la confirmación los une más íntimamente a la Iglesia y los enriquece con una fortaleza especial del Espíritu Santo...".
>
> *CCC 1285*

C4 CATECUMENADO

El sacramento de la Confirmación

Lisa y Tomás se quedaron después de clases para ayudar a limpiar el aula. "Mi primo dice que una vez que uno se confirma ya no tiene que volver a la iglesia, pero eso me parece una estupidez. ¿Para qué confirmarse si después te vas a perder de la iglesia?" dijo Tomás.

Lisa meneó la cabeza a uno y otro lado, "Mi tía dijo que cuando te confirmas es cuando empiezas a hacer cosas interesantes en la iglesia porque te da más responsabilidad".

Tomás arrugó la frente, "Bueno, ¿y entonces qué significa confirmarse?"

NIÑOS

CIC 1285–1321

C4

Crecer en la fe

Dales tiempo a los niños para que contesten la primera pregunta de reflexión ("Menciona tres cosas..."). Si necesitaran ayuda, dales un empujoncito preguntándoles si ahora están cursando asignaturas que no podían tener el año pasado, o diles algo más simple como que ahora puede alcanzar repisas a las que no podían llegar el año pasado porque eran muy altas para ellos.

También les puedes preguntar si hay cosas que están muy deseosos de hacer cuando hayan crecido todavía más.

Después pregunta al grupo si hay algo que tienen muchas ganas de hacer cuando se hagan adultos en la Iglesia —como, por ejemplo, ayudar a otros, servir en un ministerio parroquial o hablar a otros sobre su fe.

Dales tiempo para que contesten solos la segunda pregunta de reflexión ("¿Cómo puedes tú...?"). Puedes solicitar voluntarios dispuestos a leer sus respuestas al grupo.

¿Cómo se desarrolla la ceremonia de la Confirmación?

Al pasar revista a los símbolos de la Confirmación, solicita un voluntario con cuya ayuda mostrar cómo se realiza la imposición de manos para que los niños cuenten así con un ejemplo visual que ilustre la descripción.

JORNADA DE FE **CATECUMENADO**

Crecer en la fe

Es cuando ingresas en la familia de Dios con el bautismo que, por primera vez, recibes el Espíritu Santo. En tu confirmación recibes el poder de salir al mundo a hacer buenas obras por Dios y a hablar a otros sobre el amor de Dios. Confirmarse es como crecer en la fe.

No se crece de una vez y de repente. Son muchas las cosas que puedes hacer este año y no podías hacer el año pasado. Todos los días uno aprende cosas nuevas, crece y cambia.

Menciona tres cosas que puedes hacer este y no podías hacer el año pasado.

1. ______________________________

____

2. ______________________________

____

3. ______________________________

____

Antes de que Jesús ascendiera al cielo, él prometió a todos sus discípulos que ellos recibirían del Espíritu Santo el poder para salir al mundo y contar a todos sobre él. Jesús cumplió su promesa. Cuando todos los discípulos estaban reunidos en una habitación, sucedió algo maravilloso. Oyeron un ruido como el del viento invadiendo toda la casa. Después, aparecieron lenguas de fuego sobre sus cabezas. Se llenaron del Espíritu Santo y comenzaron a hablar sobre Jesús y el amor de Dios. Salieron inmediatamente y empezaron a predicar la buena nueva por todas partes.

Adaptado de Hechos 1:8

Al comenzar tu nueva vida impregnada del Espíritu Santo, aprenderás muchas cosas. También tú te volverás más fuerte y valeroso. Con la confirmación, el Espíritu Santo te da la fuerza y el valor para hacer frente a tus responsabilidades como hijo de Dios. Aprenderás a usar tus dones, talentos y capacidades especiales para ayudar a la Iglesia en el mundo.

¿Cómo puedes tú, en estos precisos momentos, ayudar a otros?

¿Cómo se desarrolla la ceremonia de la Confirmación?

La confirmación tiene dos símbolos muy importantes: la unción y la imposición de las manos.

La **imposición de las manos** es un signo de que el Espíritu Santo ha sido invitado a habitar en ti. ¿Recuerda cómo Jesús sanaba a la gente tocándola? De esa misma forma, cuando te toca el ministro del sacramento se te concede el don del Espíritu Santo.

Entonces se te **unge** con un aceite especial que ha sido bendecido por un obispo. El ministro del sacramento lo usará para hacer con él el signo de la cruz en tu frente y dirá, "Recibe por esta señal el don del Espíritu Santo". Tú dirás entonces "Amén". Amén significa "¡Así sea!", "¡Sí!" o "¡Correcto!".

Hará falta que escojas un **espónsor** para tu confirmación. Esa persona te ayudará a crecer como cristiano y será tu amigo o amiga espiritual. En la ceremonia de Confirmación, tu espónsor podrá su mano sobre tu hombro derecho y te presentará ante la Iglesia y Dios. Si necesitas algún consejo sobre la elección de un espónsor, pídele ayuda a tu catequista, a tu maestro del RICA o al párroco.

También se te pedirá que escojas un nombre de confirmación que te recuerde tu identidad como cristiano ya maduro en la fe. Puedes escoger el nombre de un santo que es muy querido por ti o, incluso, el mismo nombre que recibiste en el bautizo.

¿Cuál de las personas con las que te relacionas sería un buen espónsor o una buena espónsor para ti?

¿Qué nombre quieres tomar como nombre de confirmación?

Dones del Espíritu

El Espíritu Santo te concederá dones especiales con los que te ayudará a seguir a Jesús. A continuación aparecen algunos de los dones del Espíritu Santo (ver Isaías 11:2–3)

- ***Sabiduría:*** Cuando se es sabio, sabemos qué es cierto. También sabemos cómo se debe actuar en diferentes situaciones.
- ***Comprensión:*** Cuando mostramos la comprensión, que vemos todos los lados de una situación.
- ***Orientación (o consejo):*** Cuando hacemos uso del don de consejo, sabemos cómo ayudar a otras personas. Podemos dar consejos buenos y claros que lleven a otros a seguir a Dios.
- ***Conocimientos:*** Tener el don de ciencia es algo así como ser muy "leído" y saber mucho. Saber es tener la información que necesitamos para saber qué está pasando.
- ***Marvila y fascinación (o temor de Dios):*** Cuando usamos este don, respetamos a Dios y su creación, y a todas las cosas sagradas. ¡Nos damos cuenta de que Dios es maravilloso y genial!
- ***Reverencia (o piedad):*** La piedad o devoción nos lleva a mostrar reverencia, a mostrar respeto a Dios y su creación y a todas las cosas sagradas.

¿Cuál de los dones del Espíritu quisieras tener en este momento?

Elegir un espónsor y un nombre de Confirmación

Entre todos los integrantes del grupo, elaboren una lista de los rasgos que debe tener un buen espónsor de confirmación (tener al menos dieciséis años, ser un católico confirmado y practicante y no ser familiar cercano).

Pudieran citarse como otros rasgos adicionales el ser un oyente atento, ser una persona con la que resulta fácil hablar sobre cuestiones difíciles, ser alguien de la iglesia a la cual *se admira o que forma parte de alguno de los ministerios parroquiales que resultan de interés para uno, y cosas por el estilo.*

Después, discuten en el grupo la selección del nombre de confirmación. Anima a los niños a escoger un nombre que sea más que un nombre "con onda" y escojan el de un santo que les resulte inspirador para sus vidas.

Da a los niños tiempo para que respondan las dos preguntas de reflexión individualmente o en conjunto. Si dispones de copias de *Choosing Confirmation Names* que puedas hacer circular entre los niños, hazlo ahora.

Los dones del Espíritu Santo

Pon énfasis en que, al ser confirmados, los niños recibirán los dones del Espíritu Santo de manera especial, pero que siempre dependerá de ellos el emplear o no emplear esos dones.

Dales tiempo a los niños para que respondan, por sí solos, la pregunta de reflexión. Anima a los niños cómo pudieran emplear esos dones si también ellos los tuviesen.

Actividad final

Concede a los niños tiempo para que terminen —individualmente o con un compañero— la actividad final antes de que concluya la clase.

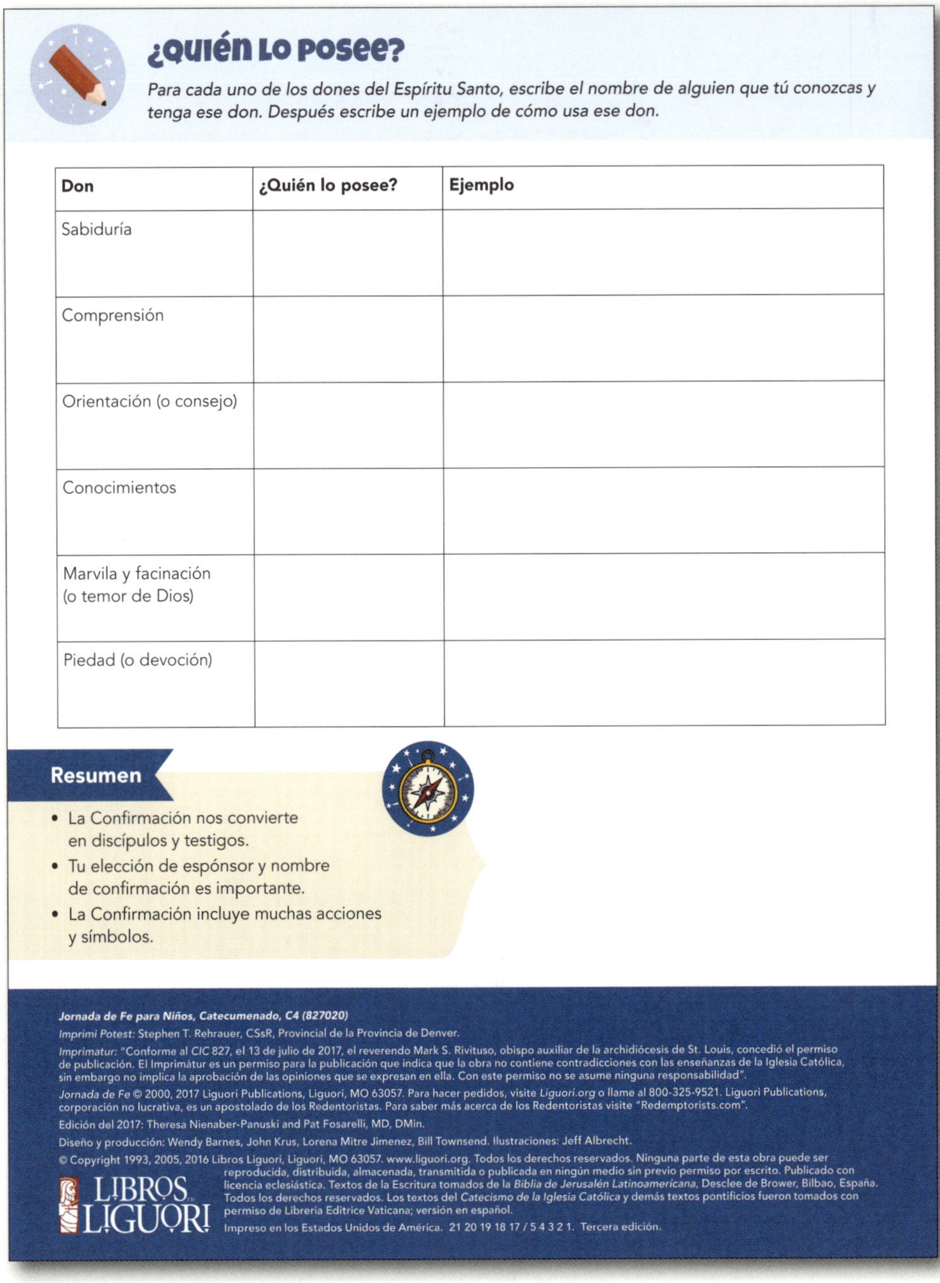

¿Quién lo posee?

Para cada uno de los dones del Espíritu Santo, escribe el nombre de alguien que tú conozcas y tenga ese don. Después escribe un ejemplo de cómo usa ese don.

Don	¿Quién lo posee?	Ejemplo
Sabiduría		
Comprensión		
Orientación (o consejo)		
Conocimientos		
Marvila y facinación (o temor de Dios)		
Piedad (o devoción)		

Resumen

- La Confirmación nos convierte en discípulos y testigos.
- Tu elección de espónsor y nombre de confirmación es importante.
- La Confirmación incluye muchas acciones y símbolos.

Jornada de Fe para Niños, Catecumenado, C4 (827020)

Imprimi Potest: Stephen T. Rehrauer, CSsR, Provincial de la Provincia de Denver.

Imprimatur: "Conforme al *CIC* 827, el 13 de julio de 2017, el reverendo Mark S. Rivituso, obispo auxiliar de la archidiócesis de St. Louis, concedió el permiso de publicación. El Imprimátur es un permiso para la publicación que indica que la obra no contiene contradicciones con las enseñanzas de la Iglesia Católica, sin embargo no implica la aprobación de las opiniones que se expresan en ella. Con este permiso no se asume ninguna responsabilidad".

Jornada de Fe © 2000, 2017 Liguori Publications, Liguori, MO 63057. Para hacer pedidos, visite *Liguori.org* o llame al 800-325-9521. Liguori Publications, corporación no lucrativa, es un apostolado de los Redentoristas. Para saber más acerca de los Redentoristas visite "Redemptorists.com".

Edición del 2017: Theresa Nienaber-Panuski and Pat Fosarelli, MD, DMin.

Diseño y producción: Wendy Barnes, John Krus, Lorena Mitre Jimenez, Bill Townsend. Ilustraciones: Jeff Albrecht.

Impreso en los Estados Unidos de América. 21 20 19 18 17 / 5 4 3 2 1. Tercera edición.

Don	¿Quién lo posee?	Ejemplo
Sabiduría	*Mi papá.*	*Cuando mi hermana y yo empezamos a pelear, mi papá sabe cómo meterse y hacer que nos calmemos. Parece que él siempre sabe cuál es el verdadero problema y cómo ayudarnos a resolverlo.*
Inteligencia		
Consejo		
Fortaleza		
Ciencia		
Temor de Dios		
Piedad o devoción		

Oración final

Concluye la lección con este fragmento de la Secuencia del Espíritu Santo y pide después a los niños que pronuncien sus intenciones particulares en caso de que tengan alguna.

Reparte tus Siete Dones según la fe de tus siervos. Por tu bondad y tu gracia dale al esfuerzo su mérito; salva al que busca salvarse y danos tu gozo eterno.

Y agrega: *Por Cristo, nuestro Señor. Amén.*

Tarea

Pide a tus estudiantes que, con ayuda de sus padres, hagan una lista con los nombres de sus posibles padrinos o espónsores (si es que todavía no lo han escogido) y una lista con sus posibles nombres de confirmación.

C5: El sacramento de la Eucaristía

Catecismo: 1322–1419

Objetivos

- Reconocer el contexto escritural de la enseñanza católica sobre la Eucaristía.
- Reseñar y reflexionar sobre la Presencia Real de Cristo en la Eucaristía.
- Identificar el llamado a imitar a Cristo, fundamentalmente mediante el sacrificio.

Meditación del maestro

Juan 6:25–51

Como católicos, nuestra fe en la Presencia Real de nuestro Señor en la Eucaristía nos distingue de otras muchas iglesias cristianas. Medita en este pasaje del Evangelio de San Juan que proclama la verdad fundamental en la que se basan todas las verdades católicas. Nuestra fe deberá ser como la de los apóstoles, quienes respondieron a Jesús diciendo: "Señor, ¿donde quién vamos a ir? Tú tienes palabras de vida eterna" (Juan 6:68).

Preparación del maestro

- Lee la lección, este plan de clase, el pasaje de las Escrituras y las secciones del *Catecismo.* Esto te ayudará a contestar las preguntas de los participantes que proceden de otras tradiciones de fe que ven la Santa Comunión solo como un símbolo.
- De ser posible, trata de programar una adoración eucarística con tu grupo del RICA.
- Si puedes, trae pan y vino no consagrados para mostrarlos a los participantes conjuntamente con un cáliz y una patena.
- Familiarízate con los términos usados en esta lección: Eucaristía, sustancia. Las definiciones aparecen en el glosario de esta guía.

Bienvenida

Saluda a los participantes según van llegando. Comprueba los materiales y lo que vayas a necesitar de inmediato. Solicita que se formulen preguntas o comentarios sobre la sesión anterior y/o comparte con ellos nueva informaciones y conclusiones. Comienza la sesión rápidamente.

Lectura inicial

Juan 6:25–51

Enciende la vela y lee en voz alta. Antes de comenzar la lección, pregunta a los niños qué quiere decir Jesús cuando dice que él es el "pan de vida" o el "pan del cielo".

La Sagrada Eucaristía culmina la iniciación cristiana. Los que han sido elevados a la dignidad del sacerdocio real por el Bautismo y configurados más profundamente con Cristo por la Confirmación, participan por medio de la Eucaristía con toda la comunidad en el sacrificio mismo del Señor.

CCC 1322

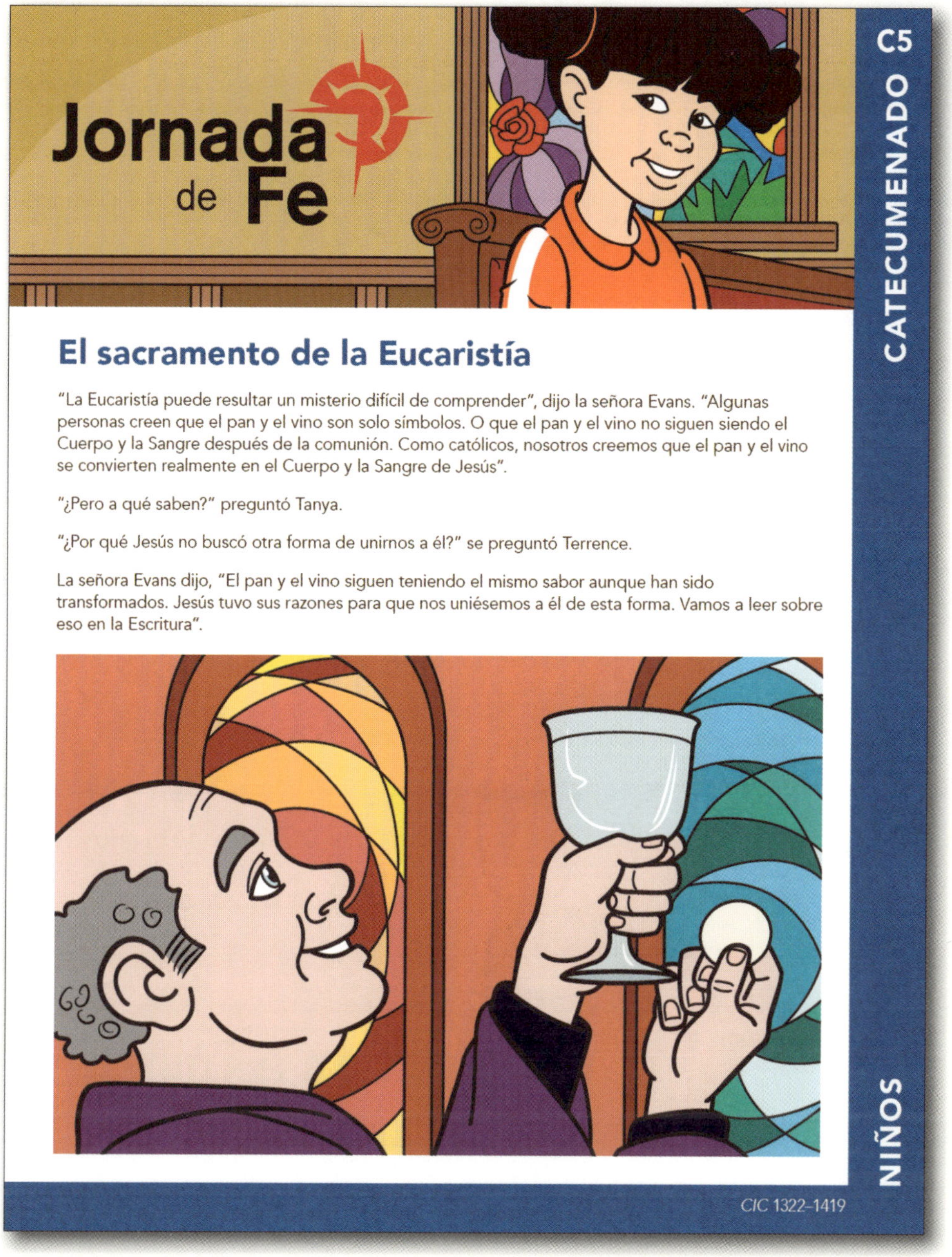

Jornada de Fe

CATECUMENADO C5

El sacramento de la Eucaristía

"La Eucaristía puede resultar un misterio difícil de comprender", dijo la señora Evans. "Algunas personas creen que el pan y el vino son solo símbolos. O que el pan y el vino no siguen siendo el Cuerpo y la Sangre después de la comunión. Como católicos, nosotros creemos que el pan y el vino se convierten realmente en el Cuerpo y la Sangre de Jesús".

"¿Pero a qué saben?" preguntó Tanya.

"¿Por qué Jesús no buscó otra forma de unirnos a él?" se preguntó Terrence.

La señora Evans dijo, "El pan y el vino siguen teniendo el mismo sabor aunque han sido transformados. Jesús tuvo sus razones para que nos uniésemos a él de esta forma. Vamos a leer sobre eso en la Escritura".

NIÑOS

CIC 1322–1419

C5

El sacramento de la Eucaristía

La pregunta de reflexión será respondida en conjunto por todo el grupo, para guiarlos ve escribiendo preguntas en la pizarra o en alguna otra parte en que puedas ir siguiéndolas. (Al final de la lección regresarás a esas preguntas para ver cuáles han sido respondidas y cuáles son aquellas cuyas respuestas deberás chequear en la siguiente sesión).

La Última Cena de Jesús

En dependencia de la edad promedio de los niños de tu grupo, dependerá que valores si leerles textualmente los pasajes de la Escritura citados en la lección.

Después de haberles leído la historia de la Última Cena, pregunta a los niños qué acciones realizó Jesús o qué símbolos y palabras utilizó durante la cena.

Él predico a sus apóstoles antes de la cena, utilizó pan y vino, levantó el pan y lo partió y llamó a ese pan su Cuerpo. Él levantó la copa (cáliz), dijo que el vino era su sangre, él compartió la cena con sus amigos, y realizó otras acciones por el estilo.

Una vez que hayas concluido la historia, pregunta a los niños si estas acciones, palabras o símbolos les recuerdan algo. (*Deberá traerles la misa a la mente*).

Pregunta entonces a los niños qué sucedió después de la Última Cena (*Jesús se sacrificó en la cruz por nuestros pecados.*) Haz hincapié ante los niños en la importancia de que Jesús se haya ofrendado a sí mismo en la cruz por nuestros pecados. Jesús no solo nos dio su Cuerpo y su Sangre en la Última Cena, sino que también entregó su Cuerpo y derramó su sangre por nosotros en la cruz.

Pide a los niños que piensen en modos en los que pueden sacrificarse por los demás para vivir como Jesús. Pide entonces a cada uno de ellos que hable al grupo de alguno de esos modos que escogió y ve elaborando con sus respuestas una lista del grupo.

Las respuestas variarán, pero algunas pudieran incluir sacrificar un tiempo para realizar algunas tareas domésticas y ayudar así en casa, sacrificar parte del estipendio para donarlo en la colecta de la misa dominical y sacrificar tiempo de juego para ayudar a un hermano menor, o un compañero de clases, con sus deberes escolares.

¿Qué preguntas tienes acerca de la Eucaristía?

La Última Cena de Jesús (adaptada de Mateo 26:26–29)

Jesús estaba cenando con sus amigos más íntimos. Estaba sentado cerca de Pedro, Santiago y Juan. Al estar todos reunidos a la mesa, Jesús les habló de muchas cosas. Jesús les habló a sus amigos acerca de un amor que no termina nunca. "Todos ustedes son mis amigos", dijo.

Entonces partió y repartió el pan. "Este es mi cuerpo", dijo Jesús. "Será entregado por ustedes, para que ustedes tengan vida". Después llenó una copa y dijo, "Esta es mi sangre derramada. Mi propia vida será el mejor regalo que pueda darles".

Eso entristeció a sus amigos pero él les dijo que estuvieran contentos. Dios lo había planeado así. "Yo volveré de nuevo y entonces ustedes sabrán que el Hijo de Dios ha venido para quedarse en el mundo".

Nosotros llamamos Última Cena a este relato histórico y bíblico porque fue la última comida que Jesús compartió antes de su crucifixión mas, mediante el poder de Dios y la acción del Espíritu Santo, nosotros celebramos la Última Cena de Jesús en cada misa. La llamamos **Eucaristía** y es un alimento sagrado con el que nos unimos a Jesús y a toda la Iglesia.

Compartir una cena especial

Cuando las personas se reúnen para compartir una comida, están aprovechando una ocasión para conocerse mejor y demostrarse afecto. En la cena, la familia se cuenta cómo han pasado el día. Cuando nos visitan amigos que viven lejos, les invitamos a comer. Para celebrar un día de fiesta, los parientes nos reunimos para una comida especial.

Enumera tres ocasiones en las que tú y tu familia o amigos comparten una cena. Explica después en una o dos oraciones por qué es especial esa cena.

1. ______________________________

____

____

2. ______________________________

____

____

3. ______________________________

____

____

La Real Presencia de Jesús

Con el sacramento de la Eucaristía recibirás el cuerpo y la sangre de Jesús —al igual que sus discípulos en la Última Cena. Nosotros sabemos que Jesús está realmente presente en la forma de pan y vino porque Jesús les dijo a sus discípulos, "Este es mi cuerpo". Él no les dijo, "Este es un símbolo de mi cuerpo", ni "Este es, a la vez, mi cuerpo y mi sangre y pan y vino". El pan y el vino se convierten realmente en el cuerpo y la sangre de Jesús.

Compartir una cena especial

Dales a los niños tiempo para responder la pregunta de reflexión (puede que necesiten completar sus respuestas en una hoja de papel adicional). Entonces, diles que cada uno busque un compañero con el que compartir una de sus respuestas.

La real presencia de Jesús

Pon énfasis en que, en la Eucaristía, el pan y el vino se convierten en el Cuerpo y la Sangre de Jesús aunque mantenga la misma apariencia. Recuerda a los niños que los sacramentos son signos físicos de realidades invisibles y que bajo la apariencia de pan y de vino está el signo de la presencia invisible de Dios.

Cuando el sacerdote invoca al Espíritu Santo en la misa, Dios hace que Jesús esté tan presente como la persona que está sentada junto a nosotros en el banco. Lo que vemos y tocamos dirige nuestra atención hacia algo que permanece invisible. Cuando comemos de su Cuerpo y bebemos de su Sangre, Jesús entra en nuestros corazones para ayudarnos a vivir su amor.

La Eucaristía sigue viéndose y sabiendo a pan y vino aunque estos han sido transformados. Eso se debe a que es una **sustancia**, lo que algo es realmente. La sustancia cambia aunque su apariencia siga igual. No podemos explicar cómo sucede esto, pero lo creemos porque Jesús nos dijo que era cierto. Es un misterio de la fe. Solo Dios tiene la respuesta.

La promesa increíble

Jesús hizo una promesa especial acerca de la Eucaristía. Un día, mientras enseñaba a una gran multitud, dijo, "Yo soy el pan vivo, bajado del cielo. Si uno come de este pan, vivirá para siempre… y yo le resucitaré el último día" (Juan 6:51, 54).

Muchos no comprendieron lo que Jesús les estaba diciendo. "Es difícil creer eso", dijeron y se alejaron. Sin embargo, los discípulos se quedaron porque creyeron la promesa de Jesús acerca de la vida eterna. Ellos querían estar con ellos para siempre.

Jesús también te hace esa promesa a ti. Si comes de este pan, el Cuerpo de Jesús, vivirás para siempre con Dios en el cielo.

Un supertipo de amor

Después de la Última Cena, Jesús hizo exactamente lo que había prometido –sufrió y murió en la cruz por nosotros. Tiene que haber sido duro para su madre y sus amigos observar su sufrimiento, pero ¡imaginen su dicha cuando Jesús resucitó de entre los muertos el Domingo de Pascua! Ese día ellos conocieron el poder del amor de Jesús. Ellos supieron que su promesa de vida eterna se haría real.

Cuando recibimos la Eucaristía en la misa, recordamos que Jesús dio su vida por nosotros. Recordamos que su sacrificio nos da la vida eterna y nos salva de la muerte. Lo recordamos y damos gracias a Dios por darnos a Jesús. ¡Si hasta la palabra Eucaristía significa acción de gracias!

¡Gracias, Jesús!

Un supertipo de amor

Al analizar la Eucaristía como una Acción de Gracias, circula por el salón y pide a cada niños que cuente una cosa por la quieran dar hoy gracias a Jesús. Después de cada intervención, el resto del grupo responderá "Gracias, Jesús".

Actividad final

Dales tiempo a los niños para que terminen la actividad final antes de que termine la sesión. Circula entre ellos mientras trabajan, ratifica las respuestas correctas y aclara los puntos en los que tienen confusión. Las respuestas de los niños pueden varias pero a continuación ofrecemos algunas muestras de respuestas que pueden servir de referencia.

Enumera tres cosas que aprendiste hoy sobre la Eucaristía.

1. Es realmente el cuerpo y la sangre de Jesús.
2. Todavía saben a pan y vino.
3. Es una comida que compartimos con la Iglesia.

Enumera tres promesas que Jesús hizo con respecto a la Eucaristía.

1. La Eucaristía es realmente el Cuerpo y la Sangre de Jesús.
2. Si comemos del Cuerpo de Jesús y bebemos de su Sangre, tendremos vida eterna.
3. Jesús murió por nosotros y volverá nuevamente.

¿Qué es lo que sabes?

Enumera tres cosas que aprendiste hoy sobre la Eucaristía.

1. ______________________________

2. ______________________________

3. ______________________________

Enumera tres promesas que Jesús hizo con respecto a la Eucaristía.

1. ______________________________

2. ______________________________

3. ______________________________

Resumen

- Estudiar el contexto escritural de la Eucaristía.
- Experimentar la Presencia Real de Jesús en la Eucaristía.
- Escuchar el llamado a imitar a Cristo.

Jornada de Fe para Niños, Catecumenado, C5 (827020)

Imprimi Potest: Stephen T. Rehrauer, CSsR, Provincial de la Provincia de Denver.

Imprimatur: "Conforme al *CIC* 827, el 13 de julio de 2017, el reverendo Mark S. Rivituso, obispo auxiliar de la archidiócesis de St. Louis, concedió el permiso de publicación. El Imprimátur es un permiso para la publicación que indica que la obra no contiene contradicciones con las enseñanzas de la Iglesia Católica, sin embargo no implica la aprobación de las opiniones que se expresan en ella. Con este permiso no se asume ninguna responsabilidad".

Jornada de Fe © 2000, 2017 Liguori Publications, Liguori, MO 63057. Para hacer pedidos, visite *Liguori.org* o llame al 800-325-9521. Liguori Publications, corporación no lucrativa, es un apostolado de los Redentoristas. Para saber más acerca de los Redentoristas visite "Redemptorists.com".

Edición del 2017: Theresa Nienaber-Panuski and Pat Fosarelli, MD, DMin.

Diseño y producción: Wendy Barnes, John Krus, Lorena Mitre Jimenez, Bill Townsend. Ilustraciones: Jeff Albrecht.

Liguori Publications — A Redemptorist Ministry

Impreso en los Estados Unidos de América. 21 20 19 18 17 / 5 4 3 2 1. Tercera edición.

Oración final

Concluye esta lección con la siguiente oración. Los niños repetirán cada línea después de ti.

Señor, ayúdanos
a creer en tu palabra,
a confiar cuando nos sintamos confundidos
y a aceptar de todo corazón
que también nosotros vamos a conocer,
el tesoro que nos has entregado
al transformar tu cuerpo y tu sangre,
sacrificados en perdón de nuestros pecados,
en alimento de vida eterna.
Amén.

Tarea

Anima a los niños y sus padres (o padrinos o espónsores) a asistir juntos a la adoración eucarística la próxima vez que tenga lugar en tu parroquia.

C6: El sacramento de la Penitencia y Reconciliación

Catecismo: 1420–98

Objetivos

- Reconocer que ningún pecado está oculto a Dios.
- Descubrir que el pecado tiene consecuencias que van más allá de lo individual.
- Desentrañar el contexto escritural de la penitencia.

Meditación del maestro

Lucas 15:11–32

Según vayas leyendo la parábola del Hijo Pródigo, empieza por ponerte en el lugar del padre. Reacciona como el padre. Haz lo mismo con el hijo mayor y, finalmente, con el hijo menor. Piensa cuántas veces te has visto en situaciones semejantes. ¿Cuándo has ansiado ser perdonado? ¿Cuándo has sido herido por alguien a quien amas profundamente?

Preparación del maestro

- Lee esta lección, este plan de clase, el pasaje de las Escrituras y las secciones del *Catecismo.*
- De ser posible, haz las coordinaciones necesarias para que, después de la lección, los participantes vean el cuarto confesionario o el área donde se encuentra el confesionario.
- Haz copias de una versión del acto de contrición para que los niños la utilicen como parte de la oración final (se ha incluido una versión en la sección de la Oración Final de esta guía). Si te es posible, imprime la versión en forma de tarjeta o hazla plastificar y exhorta a los niños a que la traigan cuando celebren el sacramento de la penitencia.
- Familiarízate con el vocabulario de esta lección: confesionario, penitencia, absolver. Las definiciones aparecen en el glosario de esta guía.

Bienvenida

Saluda a los niños según vayan llegando. Comprueba si dispones de los materiales y artículos diversos que pudieras necesitar. Pide que hagan cualquier pregunta o comentario que tengan acerca de la sesión anterior y/o compartan con el grupo cualquier nueva información o conclusión en su poder. Comienza rápidamente.

Lectura inicial

Lucas 15:11–32

Enciende la vela y lee en voz alta. Antes de comenzar, pregunta a los niños qué creen que significa "perdonar" y "ser perdonados".

> Los que se acercan al sacramento de la penitencia obtienen de la misericordia de Dios el perdón de los pecados cometidos contra Él y, al mismo tiempo, se reconcilian con la Iglesia.
>
> CCC 1422

CATECUMENADO C6

El sacramento de la Penitencia y Reconciliación

Terrence y Tomás eran muy amigos. Jugaban *basketball* juntos y juntos salían a montar sus bicis. Habían hasta construido un fuerte secreto en el patio trasero de la casa de Tomás. Pero un día pelearon. Terrence estaba enojado, así que lanzó la pelota de Tomás al patio de los vecinos y el perro de ellos destrozó la pelota a mordidas.

Tomás se puso muy molesto y le dijo a Terrence que nunca más iba a jugar con él.

Ahora Terrence y Tomás ni siquiera se hablan. Terrence extraña a su amigo y se siente triste y solo. Tomás también está triste. A Terrence su mamá le dijo que debía pedir perdón a Tomás, pero a Terrence le preocupa que Tomás no le perdone jamás.

NIÑOS

CIC 1420–98

C6

El sacramento de la Penitencia y Reconciliación

Respondan entre todos las preguntas de reflexión. Si quieres que la actividad resulte más movida, puedes dividir la clase en pequeños grupos que representarán cómo Terrence y Tomás resuelven su problema.

El hermano que abandonó el hogar

En dependencia de la edad de los niños de tu grupo, tú decidirás si les lees la parábola directamente de la Biblia (Lucas 15:11–24).

Entre todo el grupo responderán la pregunta de reflexión haciendo una lista de las diferentes formas en que podemos decir "Perdóname". Recuérdales a los estudiantes la lista que hicieron con diferentes formas de decir "Te amo". Se puede decir "Perdón" de muchas otras formas que no sean solo la de utilizar esas palabras exactas.

Algunas de las posibles respuestas incluyen: escribir una nota disculpándose o tratar de corregir lo hecho (devolver algo que robaste, admitir que mentiste, o declararte culpable de algo de lo que culpaste a otra persona).

Si tú fueras Terrence, ¿qué harías?

Si tú fueras Tomas, ¿qué harías?

La amistad con Dios y con los demás

Es muy triste que con nuestras acciones lastimemos a nuestros amigos. La amistad es importante. Cuando estamos solos o tristes, felices o entusiasmados, es bueno tener un amigo al que acudir. Es por eso que Jesús nos dice que nos amemos los unos a los otros. Él sabe que el secreto de la felicidad está en mantener amistades muy fuertes. Eso lo logramos si pedimos perdón y perdonamos cuando sucede algo malo.

Dios es el mejor amigo que tenemos. Dios no nos abandonará jamás. El secreto de la amistad de Dios es su capacidad de perdón.

He aquí una historia que Jesús contó acerca de cómo perdona Dios.

El hermano que abandonó el hogar

Había una vez un hermano que quería vivir solo. Le pidió a su padre su parte del dinero de la familia y se fue de su hogar.

Viajó muchísimo. Hacía solo lo que quería hacer. Hizo un montón de amigos que le enseñaron nuevas formas de gastar su dinero. Pero el dinero no duró para siempre y un día descubrió que ya lo había gastado todo. No le quedaba nada. Acudió a sus amigos en busca de ayuda pero todos lo habían abandonado

Entonces pensó en su padre y en su hermano mayor. Era hora de volver a casa. "Le diré a mi padre que estoy realmente arrepentido y le preguntaré si puedo dormir en su granero. Cuidaré sus ovejas y haré todo lo que me pida si tan solo me admite de regreso", pensó.

Cuando el padre lo vio a lo lejos, corrió para recibirlo con los brazos abiertos. "Llamaré a mis amigos", dijo. "Haremos una fiesta porque mi hijo estaba perdido y ahora está de nuevo en casa".

Adaptado de Lucas 15:11–24

Jesús contó esta historia para enseñarnos que aunque nos alejemos de Dios, nuestro bondadoso Padres volverá hasta que decidamos volver a él.

¿De cuántas formas se puede pedir perdón?

Dios perdona

¿Te diste cuenta de que, antes de que el hijo le pidiera perdón, ya el padre le había perdonado? Así ocurre con Dios y nosotros. En el sacramento de la penitencia, podemos hablar de las cosas de las que nos arrepentimos y de cosas que desearíamos no haber hecho jamás. El sacerdote nos recuerda el amor misericordioso que Dios siente por nosotros y nos dice cómo corregir nuestra amistad con Dios y con cualquiera que hubiéramos lastimado.

Lee las siguientes historias acerca de la capacidad de perdón de Jesús.

- Lucas 7:36–50

¿Cómo pidió perdón la mujer?

¿Qué hizo Jesús?

- Lucas 19:1–10

¿Cómo pidió perdón Zaqueo?

¿Qué hizo Jesús?

¿Cómo se desarrolla la Reconciliación?

1. Entra al **confesionario**, un pequeño local o espacio en el que se encuentra sentado el sacerdote.
2. Saluda al sacerdote y di, "Bendíceme padre, porque he pecado". Entonces dile al sacerdote que es tu primera confesión (o cuánto tiempo ha pasado desde tu última confesión).
3. Menciona los pecados de los que te sientas arrepentido. No te preocupes por mencionar los detalles de cada uno. Solo tienes que explicar lo que hiciste y por qué te arrepientes de ello.
4. Escucha con atención los consejos que te dé el sacerdote.
5. El sacerdote te pondrá una penitencia. Una **penitencia** es una acción u oración sencilla que puede ayudarte a corregir lo que hiciste y a reparar las amistades dañadas. Tu penitencia también te ayudará a acercarte más a Dios.
6. Di una oración de "Acto de Contrición". Tu catequista o el sacerdote te entregarán una copia.
7. El sacerdote orará por ti y Dios, a través del sacerdote, te **absolverá** de tus pecados, lo que significa que tus pecados serán borrados mediante una oración especial de absolución que finaliza con el signo de la cruz. Este signo también te concede la gracia especial de vivir más a la manera de Jesús.
8. ¡Eres realmente perdonado! Da las gracias al sacerdote al salir y ¡ve a cumplir tu penitencia!

Dios perdona

Divide a los niños en dos grupos y asígnale a cada uno de estos trabajar en uno de los pasajes de la Escritura que aparecen en esta sección. (Si el grupo que tienes es pequeño, puedes asignar el trabajo individualmente para que los niños compartan después sus respuestas con los demás. Si tienes un grupo grande, puedes hacer, para cada uno de los pasajes de la Escritura, varios grupos de tres o cuatro niños).

- **Lucas 7:36–50**

¿Cómo pidió perdón la mujer? *Ella lavó los pies de Jesús on sus lágrimas y los secó con su pelo (un signo de su humildad y arrepentimiento) y entonces ungió sus pies con perfume.*

¿Qué hizo Jesús? *Jesús la perdonó por tener fe. La mujer demostró a Jesús que estaba verdaderamente arrepentida de las cosas que había hecho y que verdaderamente creía en é y en su poder para perdonarle sus pecados.*

- **Lucas 19:1–10**

¿Cómo le pidió Zaqueo perdón? *Zaqueo le dijo a Jesús que les daría a los pobres la mitad de todo lo que tenía y que devolvería cualquier dinero obtenido de extorsionar (sacar dinero por medios ilegales) a otras personas.*

¿Qué hizo Jesús? *Jesús vio que Zaqueo estaba realmente arrepentido del mal que había hecho y perdonó a Zaqueo.*

¿Cómo se desarrolla la Reconciliación?

Al iniciar esta sección, menciona a los candidatos que ellos pueden recibir ahora el sacramento de la reconciliación y que es algo que puede que quieran hacer antes de recibir la Eucaristía y estar en plena comunión con la Iglesia. (Si ya planificaste un día para que el grupo reciba el sacramento antes de la Vigilia Pascual, díselo a los niños. Si no lo has hecho, infórmales a los niños y sus espónsores cuándo es que se celebra el sacramento de la reconciliación en tu parroquia).

Recuerda a los catecúmenos que, si bien todavía no les será posible recibir el sacramento de la reconciliación, sus pecados les serán perdonados con el bautismo. De todas formas, puedes invitarlos a cualquier encuentro planificado con el grupo para la reconciliación y, durante ese tiempo, los catecúmenos podrán hacer, en ese ambiente silencioso y mientras los otros participan en el sacramento, un examen de conciencia que les ayude a prepararse para su bautismo.

Si tu programación incluye un momento para mostrar a los niños los confesionarios o los cuartos confesionarios de tu parroquia, este es un buen momento para salir del espacio habitual. Si lo programaste para el comienzo de la clase, valora la posibilidad de comenzarla con esta sección para que los niños puedan visualizar su contenido.

Si resulta posible que tu párroco u otro sacerdote de la parroquia participe en la lección, él podrá hacer con ellos una especie de ensayo e invitarles a visitarle para recibir el sacramento. (Hay incluso adultos a los que produce cierto nerviosismo la penitencia, así que trata de transmitirles el sacramento de la forma más asequible posible).

Actividad final

Deja que los niños realicen solos la actividad. Después de que todos ellos hayan decodificado el mensaje, pregúntales en cuál de las historias que leyeron hoy se utilizó la frase que aparece a continuación y qué es lo que ella significa.

Respuesta al mensaje decodificado: Él estaba perdido y ha sido hallado.

Este mensaje aparece en la parábola del hijo pródigo, Lucas 15:24. El padre dice que, aunque su hijo anduvo perdido por ahí y cometiendo pecados que nos lamentaba cometer, ahora había regresado pidiendo perdón y mostrando verdadero pesar por lo que había hecho. El padre se regocija cuando su hijo regresa, exactamente igual a como hace nuestro Padre celestial cuando le pedimos perdón en el sacramento de la penitencia y reconciliación.

Decodifica el mensaje

Tacha las letras impares de cada palabra. Te quedarán entonces las palabras que forman una oración relacionada con esta lección.

TÉAL REISOTOASBEA APHEKRGDKIRDQO AY

THJA ASOILDJO OHGAMLYLZABDNO

"___ ___ ___ ___ ___ ___ ___ ___

___ ___ ___ ___ ___ ___ ___ ___

___ ___ ___ ___ ___ ___ ___ ___ ___ ___ ___ ___ ___".

(Lucas 15:24, 32)

Resumen

- Ningún pecado queda oculto a Dios.
- El pecado tiene consecuencias que no se limitan al pecador.
- La penitencia tiene su fundamento en la Escritura.

Jornada de Fe para Niños, Catecumenado, C6 (827020)

Imprimi Potest: Stephen T. Rehrauer, CSsR, Provincial de la Provincia de Denver.

Imprimatur: "Conforme al *CIC* 827, el 13 de julio de 2017, el reverendo Mark S. Rivituso, obispo auxiliar de la archidiócesis de St. Louis, concedió el permiso de publicación. El Imprimátur es un permiso para la publicación que indica que la obra no contiene contradicciones con las enseñanzas de la Iglesia Católica, sin embargo no implica la aprobación de las opiniones que se expresan en ella. Con este permiso no se asume ninguna responsabilidad".

Jornada de Fe © 2000, 2017 Liguori Publications, Liguori, MO 63057. Para hacer pedidos, visite *Liguori.org* o llame al 800-325-9521. Liguori Publications, corporación no lucrativa, es un apostolado de los Redentoristas. Para saber más acerca de los Redentoristas visite "Redemptorists.com".

Edición del 2017: Theresa Nienaber-Panuski and Pat Fosarelli, MD, DMin.

Diseño y producción: Wendy Barnes, John Krus, Lorena Mitre Jimenez, Bill Townsend. Ilustraciones: Jeff Albrecht.

Impreso en los Estados Unidos de América. 21 20 19 18 17 / 5 4 3 2 1. Tercera edición.

Oración final

Entrega uno de las oraciónes del acto de contrición (al derecho) a los niños. Si tenga una versión diferente, ora la versión que ha proporcionado con el grupo.

Tarea

Diles a los niños que cada noche, antes de acostarse a dormir, practiquen el Acto de Contrición. Aliéntales a rezar esta oración mientras reflexionan sobre sobre cómo se han comportado ese día.

Acto de Contrición 1

Dios mío, me arrepiento de todo corazón de todos mis pecados y los aborrezco, porque al pecar, no solo merezco las penas establecidas por ti justamente, sino principalmente porque te ofendí, a ti sumo Bien y digno de amor por encima de todas las cosas. Por eso propongo firmemente, con ayuda de tu gracia, no pecar más en adelante y huir de toda ocasión de pecado. Amén.

Acto de Contrición 2

Señor mío Jesucristo, Dios y hombre verdadero, Creador, Padre y Redentor mío. Por ser Tú quién eres, Bondad infinita, y porque te amo sobre todas las cosas, me pesa de todo corazón haberte ofendido. También me pesa que puedas castigarme con las penas del infierno. Ayudado de tu divina gracia me propongo firmemente nunca más pecar, confesarme y cumplir la penitencia que me fuere impuesta. Amén.

C7: El sacramento de la Unción de los Enfermos

Catecismo: 1499–1532

Objetivos

- Descubrir que el sacramento de la unción tiene sus raíces en el ministerio de Jesús en la tierra y que en el Nuevo Testamente se pueden hallar ejemplos de dicho ministerio.
- Bosquejar los pasos básicos del sacramento.
- Describir la naturaleza trascendente del sacramento como algo que va más allá de los "últimos ritos" o preparación para la muerte.

Meditación del maestro

Santiago 5:13–16

La Iglesia de los primeros tiempos veía una gran conexión entre la sanación del cuerpo y la sanación del alma. En esta lección, se les pedirá a los niños que establezcan la distinción entre curación y sanación. Reflexiona sobre el énfasis puesto por este sacramento en el restablecimiento de la salud espiritual y emocional.

Preparación del maestro

- Lee la lección, este plan de clase, el pasaje de las Escrituras y las secciones del *Catecismo*.
- Si es posible, muestra el santo óleo utilizado para ungir a los enfermos.
- Familiarízate con el vocabulario utilizado en esta lección: unción de los enfermos, santo óleo, curación, sanación. En el glosario de esta guía se encuentran las definiciones.

Bienvenida

Saluda a los niños según vayan llegando. Comprueba si dispones de los materiales y artículos diversos que pudieras necesitar. Pide que hagan cualquier pregunta o comentario que tengan acerca de la sesión anterior y/o compartan con el grupo cualquier nueva información o conclusión en su poder. Comienza rápidamente.

Lectura inicial

Santiago 5:13–16

Enciende la vela y lee en voz alta. Si tuviste la posibilidad de traer el santo óleo para la lección de hoy, circúlalo por el aula y explica a los niños que este aceite fue bendecido por un obispo y es un símbolo importante relacionado con el sacramento de esta sesión.

> Con la sagrada unción de los enfermos y con la oración de los presbíteros, toda la Iglesia entera encomienda a los enfermos al Señor sufriente y glorificado para que los alivie y los salve.
>
> *CCC 1499*

CATECUMENADO C7

El sacramento de la Unción de los Enfermos

"¿Alguien tiene alguna intención especial?" preguntó la señora Evans.

Lisa levantó la mano, "Por mi abuelita. Ha estado muy enferma. Ayer fue a casa un sacerdote para decir unas oraciones y ponerle aceite en las manos".

"A eso se le llama unción de los enfermos", dijo la señora Evans. "Eso significa que el Espíritu Santo, le dio a tu abuelita, por medio del sacerdote, una gracia especial para ayudarla en su enfermedad".

NIÑOS

CIC 1499–1532

C7

El sacramento de la Unción de los Enfermos

Después de leer la narración, pide a los niños que escriban el nombre de alguna persona conocida que esté enferma o necesitada de oraciones. Se orará por esas personas durante la oración final de esta sesión. (Si lo prefieres, puedes pedir a los niños que anoten en un papel el nombre de la persona por la que quisieran orar, lo doblen y lo entreguen. De esa forma, se podrá leer esos nombres durante la oración final).

Jesús sana con su amor

En dependencia de la edad promedio de los niños de tu grupo, puede que decidas leerles la narración directamente de las Escrituras. Marcos 2:1–12

Los cuatro pasos de la sanación

Analiza con el grupo estos cuatro pasos. Pregunta a los niños si recuerdan en cuál otro sacramento de los que les hablaste se imponen las manos y se emplea la unción con el santo óleo. *Confirmación.*

Pregunta a los niños si ellos recuerdan qué significaban esos signos en el sacramento de la confirmación. *En este sacramento significan que reciben el Espíritu Santo de una forma especial y se les da el encargo de salir y transmitir al mundo la buena noticia de Dios.*

Pregunta entonces a los niños qué piensan qué estos símbolos representan para este sacramento. *Que estamos recibiendo una gracia especial del Espíritu Santo y estamos recibiendo a Jesús en una forma especial.*

CATECUMENADO

JORNADA DE FE

¿Conoces a alguien que está enfermo y necesita oraciones especiales?

Jesús sana con su amor

Un día, Jesús estaba predicando en una casa en Capernaún. Eran tantas las personas que vinieron a escucharle que la casa estaba repleta. Entonces llegaron hasta la puerta de la casa cuatro hombres que llevaban a un amigo suyo en una camilla. El hombre era un paralítico. Los hombres querían que Jesús curara a su amigo pero no podían entrar, así que se treparon al techo, quitaron una parte de él y por ahí bajaron a su amigo hasta donde estaba Jesús. Jesús miró al hombre y dijo, "Tus pecados han sido perdonados". Y entonces el hombre se levantó, recogió su camilla y se fue caminando. Todos los presentes quedaron asombrados y maravillados y alabaron a Jesús.

Adaptado de Marcos 2:1–12

Los cuatro pasos de la sanación

El sacramento de la **Unción de los Enfermos** es la forma que tiene Dios para sanar a las personas con el mismo contacto amoroso que Jesús utilizó cuando, estando en la tierra, sanó a la gente.

PASO 1

Alguien lee de la Biblia cómo Jesús sanó a los enfermos y ayudó a quienes habían pecado. Mientras escuchamos, recordamos que Jesús puede sanar nuestros cuerpos y nuestras almas.

PASO 2

El sacerdote pone sus manos en la cabeza de la persona que recibe el sacramento. Él invita al Espíritu Santo a que entre al corazón de la persona. Recordamos que Jesús siempre rezó y tocó a las personas a las que sanaba.

PASO 3

El sacerdote bendice con una oración el santo óleo. El **santo óleo** prepara a la persona enferma para recibir el Espíritu Santo. Nosotros también somos ungidos con el óleo en nuestro bautiza y en la confirmación.

PASO 4

El sacerdote hace el signo de la cruz en la frente de la persona a la que está ungiendo. Recordamos que Jesús sufrió en la cruz. El sacerdote también unge las manos del enfermo. Nosotros recordamos que nuestras manos hacen el trabajo de Jesús en la tierra.

El abuelito de Tomás: una historia sobre la unción

"¿Puedo hablar de lo que le sucedió a mi abuelito?" preguntó Tomás.

La señora Evans asintió.

"Bueno, mi abuelito estaba muy enfermo y quiso que un sacerdote viniera y rezara con él. El sacerdote hizo todo eso que tiene que ver con la unión de los enfermos. Yo creí que él iba a mejorar.

"Toda nuestra familia estaba allí. Todos estábamos parados alrededor de la cama de abuelito y rezábamos mientras el sacerdote le ungía las manos y los pies. Mi abuelito nos dijo que recordáramos que Dios nos ama a todos y que él amaba a Dios. Entonces mi abue dijo que estaba en paz y que estaba contento de que toda su familia estuviese con él.

"Pero se murió", dijo Tomás arrugando la frente. "Yo creía que se suponía que el sacerdote lo mejorara. Me enojé mucho con el sacerdote y con Dios. ¿Por qué no mejoró si le habían dado el sacramento?"

"Esa es una pregunta muy difícil, Tomás", dijo la señora Evans. "Sentimos un gran dolor cuando una persona a la que queremos muere. La extrañamos mucho. Nos preguntamos por qué Dios no la mejoró. Pero Dios nos ama mucho a todos. Cuando la unción de los enfermos no hace que la persona mejore, eso no significa que el sacramento no haya servido de nada. Dios está ayudando a esa persona de una manera diferente y que la ayudará en el viaje que ha emprendido para reunirse con él en el cielo".

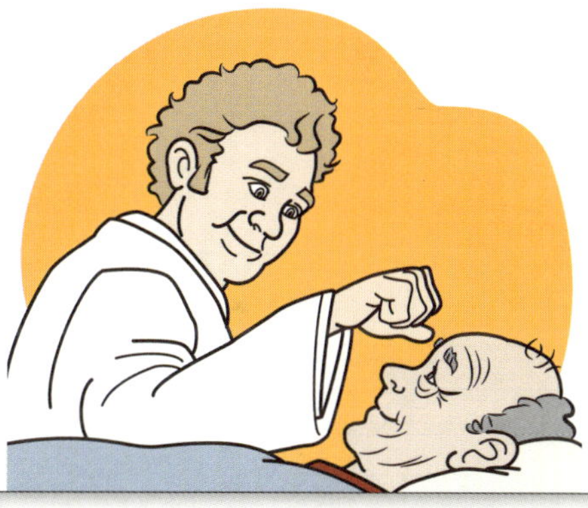

¿Sana la unción a la persona enferma?

No es lo mismo sanar a alguien que curarlo. La **curación** quita la enfermedad o discapacidad física. La **sanación** es algo más profundo. Cuando alguien es sanado mediante la unción de los enfermos, él o ella recibe:

- el valor y la fuerza para sufrir, tal como Jesús tuvo el valor y la fuerza de soportar su crucifixión.
- la gracia que prepara su alma, su mente y su cuerpo para reunirse con Jesús en el cielo.
- la paz especial que viene de saber que sus pecados han sido perdonados y que todo va a salir bien.
- un recordatorio de que Dios está siempre cuidando de nosotros.

A veces, alguien puede curarse mediante el sacramento de la Unción de los Enfermos. Así todo, aunque una persona no cure, Dios cuida de ella y la va preparando para algo mucho más importante.

Escribe el nombre de alguna persona enferma que conozcas.

____

Di ahora una oración especial por esa persona. Recuerda rezar por ella esta semana.

CATECUMENADO JORNADA DE FE

El abuelito de Tomás: una historia sobre la unción

A los niños puede resultarles difícil hablar sobre la enfermedad y la muerte si les recuerdan una experiencia difícil o si son cosas acerca de las cuales no tienen una experiencia directa. Al leerles esta historia, puedes hacerles preguntas sobre la experiencia de Tomás que le proporcionarán un marco de referencia sin que la conversación se torne demasiado personal.

Después de leer la historia, pregunta a los niños cuál creen que pudiera ser la diferencia entre "sanación" y "curación".

*Curar es mejorar la salud del cuerpo. **Sanar** es mejorar la salud del alma o darle la paz. La Biblia nos narra que hubo personas a las que Jesús curó y sanó, pero, en ocasiones, Dios no cura. Eso no significa que ame menos a esas personas que a las otras.*

Pregunta entonces a los niños por qué creen que fue importante para toda la familia de Tomás estar presentes durante el sacramento y que el abuelo de Tomás no estuviera solo. Si los niños necesitan que se les dé algún indicio como ayuda para responder esa pregunta, pregúntales qué otros sacramentos se celebran en presencia de nuestras familias u otras personas a las que queremos.

Ese fue un momento importante para que toda la familia estuviese reunida y el saber que el abuelo había recibido el sacramento pudo hacer que otros miembros de la familia de Tomás se sintiesen también en paz.

¡Son muchos los sacramentos que celebramos con nuestros seres queridos! En nuestro bautismo celebramos especialmente con nuestros padrinos y madrinas, los cuales prometen ser nuestros guías en la fe. En la Eucaristía compartimos la cena con todos los miembros de nuestra familia de la Iglesia. En el Matrimonio y el Orden Sagrado (sacramentos que serán analizados con mayor detalle en lecciones posteriores) nos comprometemos ante nuestros seres queridos a servir una vocación específica de un modo especial.

¿Sana la unción a la persona enferma?

Después de leer esta sección, pregunta a los niños si quieren cambiar sus definiciones de "sanación" y "curación".

Haz hincapié en que cualquiera que esté muy enfermo puede recibir el sacramento de la Unción, no es solo para la persona que esté muriendo. Es más, muchas de las personas que lo reciben terminan por recuperarse.

Da a los niños tiempo para que respondan la pregunta de reflexión por sí mismos. Recuérdales el nombre que escribieron al principio de la lección. Ellos pueden usar ese nombre o escribir otro.

Actividad final

Concede a los niños tiempo para que terminen esta actividad de forma individual o con un compañero. Circula entre ellos mientras trabajan, ratifica las respuestas correctas y aclara cualquier confusión que haya. A continuación aparecen las respuestas.

1. Jesús perdona sus pecados al paralítico y le ayuda a caminar de nuevo.

   Sanación y curación

2. Jesús devuelve la vista al ciego

   Curación

3. Un médico enyesa la pierna de alguien que se la fracturó y la pierna mejora.

   Curación

4. Una persona con cáncer está muy deprimida. Un sacerdote reza con él o ella y esa persona comienza a sentirse mejor aunque sigue enferma.

   Sanación

5. Tú estás triste porque tu abuelito está enfermo. Tú rezas con él y tu abuelito comienza a sentirse mejor.

   Sanación

6. Tu amigo tiene fiebre pero después de tomar una medicina ya está listo para volver a la escuela.

   Curación

¿SANACIÓN O CURACIÓN?

Piensa en cada una de estas situaciones y decide si se trata de una sanación, una curación, o de ambas cosas. Entonces escribe el número de cada situación en el círculo que le corresponda.

1. Jesús perdona sus pecados al paralítico y le ayuda a caminar de nuevo.
2. Jesús devuelve la vista al ciego.
3. Un médico enyesa la pierna de alguien que se la fracturó y la pierna mejora.
4. Una persona con cáncer está muy deprimida. Un sacerdote reza con él o ella y esa persona comienza a sentirse mejor aunque sigue enferma.
5. Tú estás triste porque tu abuelito está enfermo. Tú rezas con él y tu abuelito comienza a sentirse mejor.
6. Tu amigo tiene fiebre pero después de tomar una medicina ya está listo para volver a la escuela.

Resumen

- La unción proviene del ministerio de sanación de Jesús.
- El sacramento se realiza siguiendo unos pasos básicos.
- El sacramento es más que la preparación para la muerte.

Jornada de Fe para Niños, Catecumenado, C7 (827020)

Imprimi Potest: Stephen T. Rehrauer, CSsR, Provincial de la Provincia de Denver.

Imprimatur: "Conforme al *CIC* 827, el 13 de julio de 2017, el reverendo Mark S. Rivituso, obispo auxiliar de la archidiócesis de St. Louis, concedió el permiso de publicación. El Imprimátur es un permiso para la publicación que indica que la obra no contiene contradicciones con las enseñanzas de la Iglesia Católica, sin embargo no implica la aprobación de las opiniones que se expresan en ella. Con este permiso no se asume ninguna responsabilidad".

Jornada de Fe © 2000, 2017 Liguori Publications, Liguori, MO 63057. Para hacer pedidos, visite *Liguori.org* o llame al 800-325-9521. Liguori Publications, corporación no lucrativa, es un apostolado de los Redentoristas. Para saber más acerca de los Redentoristas visite "Redemptorists.com".

Edición del 2017: Theresa Nienaber-Panuski and Pat Fosarelli, MD, DMin.

Diseño y producción: Wendy Barnes, John Krus, Lorena Mitre Jimenez, Bill Townsend. Ilustraciones: Jeff Albrecht.

LIBROS LIGUORI

Impreso en los Estados Unidos de América. 21 20 19 18 17 / 5 4 3 2 1. Tercera edición.

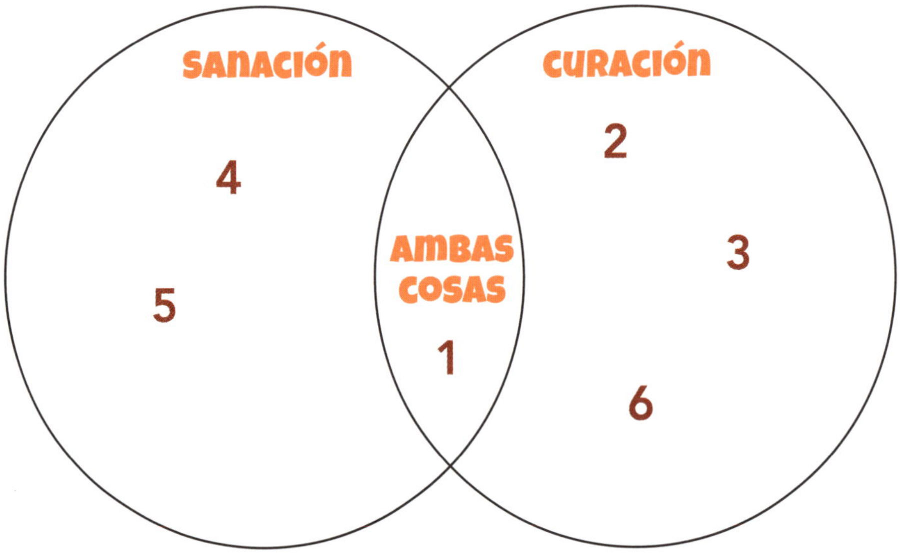

Oración final

Cada uno de los niños leerá (o tú leerás en voz alta) el nombre de la persona por la cual quiere rezar hoy. Si lo prefieres, puedes leer la lista de los nombres que será leída en la Oración Universal (Oración de los Fieles) durante la misa del domingo siguiente. Lean el Padrenuestro todos juntos.

Tarea

Los niños llevarán a casa su intención particular para compartirla con su familia y dirigir cada noche (o cada mañana) la oración que por esa persona harán toda esta semana.

C8: El sacramento del Matrimonio

Catecismo: 1533–35, 1601–66

Objetivos

- Establecer las formas en las que el matrimonio sacramental refleja el misterio pascual.
- Establecer las formas en las que el matrimonio sacramental refleja el amor de la Trinidad.
- Comenzar la elaboración de una lista de las características del matrimonio.

Meditación del maestro

Colosenses 3:12–17

¿A qué forma de tratarnos los unos a los otros nos alienta este pasaje? Toma en consideración no solo cómo deben tratarse los cónyuges, sino también los amigos, compañeros de trabajo, los vecinos y otras muchas personas. Examina tus propias actitudes con respecto al matrimonio y las bendiciones, así como las dificultades que puedas haber tenido en tus relaciones personales.

Preparación del maestro

- Lee la lección, este plan de clase, el pasaje de las Escrituras y las secciones del *Catecismo.* Mientras lees la lección, muéstrate particularmente delicado con respecto a los sentimientos de aquellos niños cuyos padres pudieran haberse divorciado, separado o vuelto a casar recientemente, así como para aquellos provenientes de hogares no tradicionales.
- Familiarízate con el vocabulario de esta lección: sacramento del Matrimonio, votos, anillos de boda, anulación. Las definiciones aparecen en el glosario de esta guía.

Bienvenida

Saluda a los niños según vayan llegando. Comprueba si dispones de los materiales y artículos diversos que pudieras necesitar. Pide que hagan cualquier pregunta o comentario que tengan acerca de la sesión anterior y/o compartan con el grupo cualquier nueva información o conclusión en su poder. Comienza rápidamente.

Lectura inicial

Colosenses 3:12–17

Enciende la vela y lee en voz alta. Antes de comenzar el estudio de la lección impresa que se ha distribuido, pregunta a los niños cuál es la enseñanza que les transmite este pasaje sobre el amor.

Cuando amamos a alguien, le tratamos con gentileza y compasión; nos mostramos pacientes con quienes amamos y les perdonamos; cuando amamos le permitimos a Cristo habitar.

> La alianza matrimonial, por la que el varón y la mujer constituyen entre sí un consorcio de toda la vida… fue elevada por Cristo Nuestro Señor a la dignidad de sacramento entre bautizados.
>
> CCC 1601

Jornada de Fe

C8 CATECUMENADO

El sacramento del Matrimonio

"Hoy vamos a hablar del matrimonio sacramental", dijo la señora Evans. "¡Por eso he traído al señor Evans conmigo para que me ayude!"

A los niños les entusiasmó tener un visitante y enterarse de cómo es la vida de la señora y el señor Evans cuando ella no está dándoles clases.

"¿Por qué ustedes se decidieron a casarse?" preguntó Lisa.

"¿Hay alguna diferencia entre el matrimonio católico y otros tipos de matrimonio?" preguntó Terrence.

"¿Ustedes tuvieron una gran fiesta con las familias de los dos?" quiso saber Tomás.

NIÑOS

CIC 1533–35, 1601–66

C8

El sacramento del Matrimonio

El matrimonio es un tema sobre el que puede resultar difícil conversar y, en dependencia de cuáles sean las tradiciones de fe y los ambientes de los que procedan los niños, pudiera suceder que hubieran recibido muy diversas enseñanzas acerca de qué es y qué representa el matrimonio.

De manera que al empezar esta lección, pide a los niños que, según determines, contesten la pregunta de reflexión en voz alta o escribiendo la respuesta en una hoja suelta que te entregarán. Puede que no te resulte posible contestar de forma adecuada todas sus preguntas durante esta sesión y, en ese caso, tratarás de investigar sobre ellas para darles seguimiento.

Dos se convierten en uno y en más

Puede que consideres conveniente comenzar la sesión pidiendo a los niños que, entre todos, elaboren una definición del matrimonio basándose en lo que saben en ese momento. Después, al final de la sesión, les pedirás que revisen esa definición.

Pon énfasis ante los niños en que el matrimonio sacramental es mucho más que dos personas que se aman.

¿Cómo se desarrolla una boda?

Pregunta a los niños si alguno de ellos ha estado alguna vez en una boda y qué recuerdan de ella. Al ir leyendo la sección, puedes captar toda su atención destacando los elementos que en ella aparecen y tienen similitud con las bodas descritas por los niños, así harás que el sacramento les resulte más familiar.

Dales tiempo para que completen la respuesta a la pregunta de reflexión con un compañero, en grupos pequeños o entre todos.

¿Qué preguntas tienes tú sobre el matrimonio como sacramento?

Dos se convierten en uno y en más

El matrimonio comienza con dos personas que se enamoran. Un hombre y una mujer. Esas dos personas quieren compartir, juntos y para siempre, sus vidas.

Jesús creció junto a María y José. Jesús vio, día a día, cómo el amor que sentían el uno por el otro hacía que su familia fuese fuerte y feliz y estuviese llena de fe.

Más adelante, Jesús enseñó una profunda verdad con respecto al matrimonio:

> *"Desde el comienzo de la creación, El los hizo varón y hembra. Por eso dejará el hombre a su padre y a su madre, y los dos se harán una sola carne. De manera que ya no son dos, sino una sola carne".*
>
> Marcos 10:6–8

Con el **sacramento del Matrimonio**, la novia y el novio se unen tan estrechamente que ellos ¡"se convierten en uno"! La novia y el novio prometen sacrificarse y que su familia será lo primero para ellos. Esa promesa es similar a la entrega que Cristo hizo de sí mismo a la Iglesia. Dios ayuda a que el amor de la pareja crezca y suma su amor al de ellos. El matrimonio tiene frutos y generalmente le nacen hijos. Esta bella unión es como un retrato de la Trinidad.

¿Cómo se desarrolla una boda?

Muchas bodas se realizan durante una misa, incluso en los casos en los que generalmente no se comienza con lecturas de la Biblia. La novia y el novio, de pie ante el altar, dicen sus votos. Los **votos** son las promesas que se hacen el uno al otro. La novia y el novio prometen amarse para siempre, "en las alegrías y en la tristeza, en la salud y en la enfermedad," "por todos los días de mi vida" (*El rito del Matrimonio*). Entonces intercambian anillos. En el sacramento del Matrimonio, los **anillos de bodas** son un signo de que la pareja permanecerá unida para siempre.

El matrimonio es diferente a todos los demás sacramentos. ¡La novia y el novio son los que ofician el sacramento! Una vez que ambos pronuncian sus votos, ya están oficialmente casados. El sacerdote o diácono está presente como testigo de la Iglesia y preside otras partes de la ceremonia.

¿Qué piensas tú que hace falta para permanecer casados por toda la vida? Menciona a continuación algunas de esas cosas.

____

____

____

____

____

____

____

Casados para siempre

Cuando dos personas se casan ante Dios, su matrimonio es para toda la vida. Vivir día a día ese amor, requiere de mucho esfuerzo. Se necesita también de la ayuda de Dios.

Pero, en ocasiones, un matrimonio llega al divorcio. Después de un divorcio, la Iglesia examina ese matrimonio para determinar si, al momento de su boda, el marido y la mujer tenían realmente conciencia de lo que significaban sus promesas. Si eran demasiado jóvenes, no tenían conciencia del significado de sus votos, o no tenían intención de cumplirlos, la Iglesia les concederá la anulación. La **anulación** dice que el matrimonio no fue realmente un sacramento porque en él faltaba algo esencial para el matrimonio.

Después de una anulación es concedida, ambas personas quedan en libertad para casarse. Si uno de ellos se vuelve a casar, la Iglesia bendecirá esa nueva unión como un sacramento.

Aun en el caso de que un matrimonio termine en divorcio y anulación, Dios sigue estando presente en esa familia. Dios no deja de amar ni a los padres ni a los hijos porque el matrimonio no fuera un sacramento. Los acuerdos a los que las parejas separadas lleguen respecto a dónde vivirán o con quién sus hijos vivirán deberán ser establecidos con el mismo amor que Dios siente por ellos.

Otros tipos de uniones

A veces dos hombres, dos mujeres o incluso más de dos personas piden casarse o formar juntos una unión. Puede que una unión de ese tipo sea legal, pero no podrá nunca ser un verdadero matrimonio porque este solo puede producirse entre un hombre y una mujer.

El amor matrimonial mantiene unida a la familia y la hace crecer mediante el nacimiento y la crianza de los hijos. Los esposos y esposas cristianos prometen que aceptarán la llegada de hijos a la familia. Esa unión de dos personas que crean nuevas vidas es la imagen que tiene Dios del matrimonio.

Casados para siempre

En tanto expones esta sección, muéstrate delicado para con los niños que tengan padres divorciados y, posiblemente, vueltos a casar. Haz hincapié en que los niños nunca tienen la culpa del final de un matrimonio y que no es responsabilidad del niño determinar si el matrimonio de sus padres debió o no ser anulado.

Pon también énfasis en que aunque un matrimonio sea anulado, los niños de ese matrimonio siguen siendo los hijos de sus padres. Nada hay que pueda cambiar eso.

Otros tipos de uniones

Al avanzar en esta sección, vuelve al comienzo de esta lección y lee nuevamente el pasaje de la Escritura de Marcos 10:6–8 en él se dice que hemos sido hechos varón y hembra para que nos convirtamos en marido y mujer, madre y padre.

Pon énfasis en la diferencia entre una unión legal (una reconocida por el estado) y una unión sacramental (una unión reconocida por la Iglesia). En este momento se da la posibilidad de ampliar la discusión diciendo que hay algunas cosas que, siendo legales, van contra las leyes establecidas por Dios. Como católicos, es importante que, para nosotros, las leyes establecidas por Dios sean lo primero.

Al llegar al final de la sesión, retoma la definición de matrimonio hecha entre todos los niños, y pregúntales qué cambiarían en ella después de la lección de hoy (o si la dejarían igual).

Actividad final

Puede que a los niños se les dificulte terminar esta actividad durante la sesión, así que anímalos a que la completen más tarde. Pueden consultar estas preguntas con sus padres, su padrino o madrina, o su espónsor (si está casado o casada), o con cualquier otro familiar o amigo de la familia.

NOTICIAS DE LA LOCALIDAD

Haz el papel de reportero. Busca una pareja casada y hazles pregunta sobre su matrimonio. Escribe lo que averigües.

He aquí algunas de las preguntas con las que comenzar:

- ¿Cómo se conocieron?
- ¿Por cuánto tiempo estuvieron saliendo antes de decidir casarse?
- ¿Qué es lo mejor del matrimonio?
- ¿Qué es lo más difícil del matrimonio?
- ¿Cómo está Dios presente en su matrimonio?

Resumen

- El matrimonio es un reflejo del misterio pascual.
- El matrimonio es un reflejo del amor de la Trinidad.
- El matrimonio tiene muchas características espirituales.

Jornada de Fe para Niños, Catecumenado, C8 (827020)

Imprimi Potest: Stephen T. Rehrauer, CSsR, Provincial de la Provincia de Denver.

Imprimatur: "Conforme al *CIC* 827, el 13 de julio de 2017, el reverendo Mark S. Rivituso, obispo auxiliar de la archidiócesis de St. Louis, concedió el permiso de publicación. El Imprimátur es un permiso para la publicación que indica que la obra no contiene contradicciones con las enseñanzas de la Iglesia Católica, sin embargo no implica la aprobación de las opiniones que se expresan en ella. Con este permiso no se asume ninguna responsabilidad".

Edición del 2017: Theresa Nienaber-Panuski and Pat Fosarelli, MD, DMin.

Diseño y producción: Wendy Barnes, John Krus, Lorena Mitre Jimenez, Bill Townsend. Ilustraciones: Jeff Albrecht.

LIBROS LIGUORI

Impreso en los Estados Unidos de América. 21 20 19 18 17 / 5 4 3 2 1. Tercera edición.

Oración final

Pide a los niños que, en silencio, piensen en sus padres o en otras personas que les hayan ayudado a entender mejor el amor de Dios. Lean entonces 1 Corintios 13:1–7 como meditación final.

Tarea

Como tarea de esta sesión, encargue a los niños que completen la actividad final "Lo que todos comentan".

C9: El sacramento del Orden Sacerdotal

Catecismo: 1536–1600

Objetivos

- Menciona los tres grados existentes en las órdenes sagradas.
- Reconocer que las raíces de las órdenes sagradas se encuentran en las Escrituras y en las tradiciones de la Iglesia de los inicios.
- Definir el diaconado como el primer paso del sacerdocio ordenado.

Meditación del maestro

Marcos 10:43–45

Reflexiona en el mensaje de Jesús de que servir a otros es servir a Dios. Como maestro del RICA, tú estás sirviendo a Dios al enseñar a los niños y niñas a los que guías. Pídele a nuestro Señor la sabiduría y la gracia necesarias para servirles bien.

Preparación del maestro

- Lee la lección, este plan de clase, el pasaje de las Escrituras y las secciones del *Catecismo*.
- Consigue una versión musical de "Here I am, Lord" para la oración final (si no puedes encontrar una grabación o no se puede interpretar música en el local, puedes, en lugar de ella, leer los versículos de las Escrituras, 1 Samuel 3:7–10).
- Averigua si tu párroco, otro sacerdote de tu parroquia o el diácono puede asistir como invitado a esta sesión.
- Familiarízate con el vocabulario de esta lección: órdenes sagradas, ordenado, absolver, clero, diáconos transitorios, diáconos permanentes. Las definiciones aparecen en el glosario de esta guía.

Bienvenida

Saluda a los niños según vayan llegando. Comprueba si dispones de los materiales y artículos diversos que pudieras necesitar. Pide que hagan cualquier pregunta o comentario que tengan acerca de la sesión anterior y/o compartan con el grupo cualquier nueva información o conclusión en su poder. Comienza rápidamente.

Lectura inicial

Marcos 10:43–45

Enciende la vela y lee en voz alta. Haz hincapié en que uno de los mandamientos que Jesús nos dio fue el servir a los demás. Como mejor servimos a Dios es sirviendo a su pueblo.

> El sacramento del Orden comunica "un poder sagrado", que no es otro que el de Cristo. El ejercicio de esta autoridad debe, por tanto, medirse según el modelo de Cristo, que por amor se hizo el último y el servidor de todos.
>
> CCC 1551

CATECUMENADO C9

El sacramento del Orden Sagrado

"¿Se sienten a veces solos los sacerdotes?" preguntó Terrence. "Jamás veo al padre en ningún otro lugar que en la iglesia y nadie vive con él. Debe de sentirse bastante solo".

"¡Yo conocí a un diácono que es casado! ¡Hasta tiene hijos! ¿Por qué los sacerdotes no forman familias?" dijo Lisa.

"Los sacerdotes sí tienen familia, lo más importante es que son parte de la familia de Cristo, la Iglesia, y que nos guían a todos nosotros en la fe", respondió la señora Evans.

NIÑOS

CIC 1536–1600

C9

El sacramento del Orden Sacerdotal

Después de leer la narración, pide a los niños que escriban las preguntas que tengan acerca de los sacerdotes o diáconos y te las pasen, o, si tienen hoy un orador invitado, le corresponderá a él hablar acerca de su experiencia de vida ordenada —en este caso, invita a los niños que le hagan directamente al invitado las preguntas.

Alienta a los niños a hacer preguntas serias pero sinceras. (Hasta las preguntas del tipo de "¿Por qué los sacerdotes se visten así?" pueden llevar, cuando se hacen con toda sinceridad, a ricas discusiones acera de las tradiciones de la Iglesia y la fe).

El trabajo de los apóstoles

Si surgen preguntas acerca de por qué solo los hombres pueden ser sacerdotes en la Iglesia Católica, señala a los niños el ejemplo de los doce apóstoles, los hombres que aprendieron directamente de Jesús y llevaron a cabo su trabajo en la tierra. Si bien es cierto que Jesús tuvo muchas mujeres entre sus seguidores, él dio a sus apóstoles instrucciones específicas acerca de cómo guiar y edificar su Iglesia. Eso no significa que las mujeres sean menos importantes que los hombres en la Iglesia Católica. ¡No hay más que mirar el ejemplo de María, la propia madre de Jesús!

Al ir abordando los tres puntos de esta sección, pregunta a los niños si les vienen a la mente cuáles de los sacramentos ya analizados parecen corresponder a esas categorías.

1. La sagrada Eucaristía, la cual se celebra en el contexto de la misa.

2. La Penitencia y Reconciliación, con la que Jesús perdona nuestros pecados mediante el sacerdote.

3. El Bautismo, el traer a las ovejas al redil de la Iglesia y la Unción de los Enfermos, con la cual Jesús concede una gracia especial, a través del sacerdote, a quienes sufren una enfermedad física.

Enfatízale a los niños que los sacerdotes no hacen nada porque posean de por sí poder alguno. Es Jesús quien, valiéndose de ellos, les permite celebrar los sacramentos. Los sacerdotes se convierten en las manos y la voz de la Iglesia al instruirnos acerca de Dios, sanarnos cuando estamos enfermos, darnos la absolución cuando nos arrepentimos y alimentándonos con la Eucaristía.

¿Tienes preguntas acerca de lo que es ser sacerdote o diácono?

El trabajo de los apóstoles

Jesús llamó a los doce apóstoles para compartir con ellos su trabajo en la tierra. ¡Les enseñó muchísimo! Después les concedió poder y los envió como mensajeros de la buena nueva y a sanar a los enfermos y perdonar pecados.

Los hombres que eligen dedicar sus vidas a servir a Dios y su Iglesia reciben el sacramento del **Orden Sagrado**. Durante la celebración de las ceremonias correspondientes, estos hombres reciben las **órdenes sagradas**. Esto significa que han sido escogidos y que el Espíritu Santo les preparará para su trabajo. Los sacerdotes prolongan el trabajo de Jesús en la tierra de maneras especiales:

1. Ellos celebran la misa

> *"Tomó Jesús pan y lo bendijo, lo partió y, se lo dio a sus discípulos,... Tomó luego una copa y, dadas las gracias, se la dio diciendo...'".*
>
> Mateo 26:26–28

En la Última Cena, Jesús dijo a sus apóstoles "haced esto en recuerdo mío" (Lucas 22:19). Cada día, los sacerdotes de todo el mundo hablan y actúan en recordación a Jesús. Ellos actúan como vehículo del poder y la persona de Cristo, exactamente como les ordenó Jesús. Cuando el sacerdote dice, "Este es mi cuerpo" y "Esta es mi sangre", Jesús nos está hablando a través de él.

2. Ellos perdonan los pecados

Después de resucitar de entre los muertos, Jesús se apareció a sus apóstoles y les dijo:

> *"'Como el Padre me envió, también yo os envío'. Dicho esto, sopló sobre ellos y les dijo: 'Recibid el Espíritu Santo. A quienes perdonéis los pecados, les quedan perdonados; a quienes se los retengáis, les quedan retenidos'".*
>
> Juan 20:21–23

De igual forma, cuando un sacerdote te **absuelve** dice, en el sacramento de la penitencia, las expresa las palabras de perdón. Entonces el pecado no solo queda olvidado sino es borrado por el poder de la misericordia de Dios. Al igual que Jesús habla por medio del sacerdote durante la Eucaristía, Dios nos perdona por medio del sacerdote durante la penitencia y reconciliación.

3. Ellos cuidan del rebaño de Dios

Jesús dijo:

> *"Yo soy el buen pastor. El buen pastor da su vida por las ovejas... conozco mis ovejas y las mías me conocen a mí, como me conoce el Padre y yo conozco a mi Padre y doy mi vida por las ovejas".*
>
> Juan 10:11, 14–15

Cuando Jesús dijo, "Apacienta mis ovejas" (Juan 21:17) estaba haciendo a Pedro líder de los apóstoles. Los diáconos y los sacerdotes prometen obedecer a su obispo local, y todos los obispos prometen obedecer al papa.

Grados de las órdenes sagradas

El conjunto de todos los hombres ordenados recibe el nombre de **clero**. Debido a que la ordenación ha pasado de Jesús a Pedro, a los apóstoles, y así sucesivamente, cada uno de los miembros del clero está relacionado con nuestros líderes cristianos y con los antecesores. Son tres los grados de la ordenación:

- Los obispos son los sucesores de los apóstoles. Ellos dirigen una diócesis o un departamento especial de la Iglesia. Ellos transmiten a su comunidad las doctrinas de Dios de forma que les resulten comprensibles. Los obispos pueden celebrar todos los sacramentos y no pueden casarse.
- Los sacerdotes son los ayudantes del obispo local. Ellos guían al pueblo de Dios en el culto y le guían espiritualmente. Los sacerdotes pueden celebrar los sacramentos del Bautismo, la Eucaristía, la Penitencia, la Unción de los Enfermos, el Matrimonio y, en algunas ocasiones, la Confirmación. Los sacerdotes no pueden casarse.

- Hay dos tipos de diáconos. Unos diáconos se están entrenando para ser sacerdotes. Se les llama **diáconos transicionales** porque se encuentran preparándose para pasar de diácono a sacerdote. Los diáconos transicionales no pueden casarse. Algunos diáconos desean permanecer como tales toda su vida. A ellos se les llama **diáconos permanentes**. Un diácono permanente puede tener esposa si es que estaba casado antes de ser ordenado. Los diáconos pueden ser los líderes oficiales que representan a la Iglesia, o actúan como testigos de ella, en bautizos, matrimonios y funerales. Los diáconos también pueden predicar y asistir al sacerdote en la misa.

¿Cómo se desarrolla la celebración de este sacramento?

Durante la celebración del sacramento del Orden Sacerdotal, la persona que está siendo ordenada pasa por momentos especiales:

- La ***investidura*** o acción de vestirle con una estola o casulla. El diácono viste una estola y una dalmática. El sacerdote viste una casulla. Llevarlas sobre sus vestimentas son el signo de que diáconos y sacerdotes adquieren una nueva identidad con su ordenación.
- La ***imposición de las manos.*** Jesús impuso sus manos en sus apóstoles para darles poder para llevar adelante su trabajo. ¡Desde ese entonces la Iglesia viene haciendo eso! Con esta acción se muestra que Jesús está compartiendo su poder.
- La ***unción de las manos***. En la Biblia, las personas eran ungidas con aceite bendecido antes de emprender alguna tarea especial. Por Dios, la persona ordena también realizará muchas tareas especiales.
- La ***presentación del cáliz o de los Evangelios.*** Al sacerdote se le obsequia el cáliz que usará en misa. Al diácono se le obsequia un libro de los Evangelios que leerá durante la misa.

Grados de las órdenes sagradas

Esta sección ofrece una nueva oportunidad para que, si tienes un orador invitado, le pases la tarea y sea él quien comparta su experiencia de primera mano sobre las órdenes sagradas.

Cuando vayas desarrollando tu exposición sobre los diferentes grados, pregunta a los niños cuándo creen haber visto un diácono, un sacerdote o un obispo durante la celebración de la misa (puede que los niños nunca hayan visto un obispo durante la misa, ¡pero puede que lo vean en su Confirmación!). Pregunta a los niños qué recuerdan haber visto hacer al diácono o sacerdote (u obispo) durante la misa. Enlaza eso con los papeles que han venido discutiendo aquí.

¿Cómo se desarrolla la celebración de este sacramento?

Al comentar cada acción o símbolo, pregunta a los niños si recuerdan en qué otro sacramento de los que ya han abordado se utiliza ese símbolo.

La investidura carece de una comparación exacta, pero a lo más cercano que se le puede comparar es al intercambio de anillos en el matrimonio. Ambas acciones son símbolos que muestran el compromiso del individuo (o de la pareja) con su vocación.

La imposición de las manos se utiliza en la Confirmación y la Unción de los Enfermos.

La unción se utiliza en la Confirmación (en la frente) y en la Unción de los Enfermos.

La presentación del Libro de los Evangelios *(para los diáconos) y la presentación del cáliz y la patena (para los sacerdotes) son específicas para el Orden Sacerdotal.*

Actividad final

Si se dispone de tiempo, está actividad será completada en clase. Puedes animar a los niños a que piensen no solo en lo que un sacerdote o diácono necesita para sí mismo sino en cosas que puede necesitar para celebrar un sacramento (como en el caso del cáliz y la patena que el sacerdote necesitaría para la Eucaristía). Las respuestas variarán según las características de tu grupo, en cada columna te hemos proporcionado un ejemplo.

Como actividad alternativa, los niños pueden entrevistar ellos mismos a un sacerdote o diácono de tu parroquia (o a cualquier otro que conozcan y esté dispuesto a dedicar tiempo a una entrevista). A continuación hemos incluido algunas de las posibles preguntas.

¿Qué es lo que prefiere de su condición de sacerdote o diácono?

¿Qué es lo que más recuerda de su ordenación?

¿Qué tipo de cosas hace como sacerdote o diácono?

¡Lo que no puede faltar!

¿Qué creen que hace falta para ser sacerdote o diácono? En la primera columna pon las cosas que un sacerdote o diácono pudiera necesitar. En la segunda columna pon las cualidades de un buen sacerdote o diácono. La primera fila la hemos hecho para ti.

Cosas que necesita un sacerdote o diácono	Cualidades de un sacerdote o diácono
Un ejemplar de la Biblia	Buen oyente

Resumen

- Las órdenes sacerdotales son tres.
- Las órdenes sacerdotales tienen sus raíces en la Biblia y en la Iglesia de los inicios.
- El diaconado es el paso previo al sacerdocio.

Jornada de Fe para Niños, Catecumenado, C9 (827020)

Imprimi Potest: Stephen T. Rehrauer, CSsR, Provincial de la Provincia de Denver.

Imprimatur: "Conforme al *CIC* 827, el 13 de julio de 2017, el reverendo Mark S. Rivituso, obispo auxiliar de la archidiócesis de St. Louis, concedió el permiso de publicación. El Imprimátur es un permiso para la publicación que indica que la obra no contiene contradicciones con las enseñanzas de la Iglesia Católica, sin embargo no implica la aprobación de las opiniones que se expresan en ella. Con este permiso no se asume ninguna responsabilidad".

Jornada de Fe © 2000, 2017 Liguori Publications, Liguori, MO 63057. Para hacer pedidos, visite *Liguori.org* o llame al 800-325-9521. Liguori Publications, corporación no lucrativa, es un apostolado de los Redentoristas. Para saber más acerca de los Redentoristas visite "Redemptorists.com".

Edición del 2017: Theresa Nienaber-Panuski and Pat Fosarelli, MD, DMin.

Diseño y producción: Wendy Barnes, John Krus, Lorena Mitre Jimenez, Bill Townsend. Ilustraciones: Jeff Albrecht.

LIBROS LIGUORI

Impreso en los Estados Unidos de América. 21 20 19 18 17 / 5 4 3 2 1. Tercera edición.

Oración final

Pide a los niños que se sienten se una posición cómoda y reflexionen sobre las palabras de 1 Samuel 3:7–10 expresadas en forma cantada o leída.

Tarea

Encarga a los niños que escriban los nombres de los sacerdotes y diáconos que sirven en la parroquia y los lleven a casa para mostrárselos a sus padres. Entonces anima a los niños y sus padres a que dediquen todos los días de esta semana una oración especial por los sacerdotes y diáconos de la parroquia.

C10: El pueblo de Dios

Catecismo: 56–64, 121–23, 128–30, 1961–64

Objetivos

- Definir al Antiguo y el Nuevo Testamento como registros clave de la historia de nuestra salvación.
- Definir al Nuevo Testamento como continuación del Antiguo Testamento.
- Descubrir que compartimos una historia común con nuestros antecesores en la fe.

Meditación del maestro

Génesis 15—21, 24—46; Éxodo 7—16

En todo el Antiguo Testamento vemos la constante presencia de Dios junto a su pueblo y la constante protección que le brindaba. También vemos la constante lucha librada por el pueblo entre la fe y el temor, entre la fidelidad al Señor y el deseo de bienes terrenales. ¿Qué nos cuentan estos pasajes de las Escrituras acerca de Dios? ¿Acerca de la fidelidad de Dios? ¿Cómo nos conectan estos pasajes de las escrituras con el pueblo de Dios a lo largo de toda la historia?

Preparación del maestro

- Lee la lección, este plan de clase, el pasaje de las Escrituras y las secciones del *Catecismo.*
- Familiarízate con las historias del Antiguo Testamento comprendidas en esta lección. Abraham y Sara, José y el Faraón en Egipto, Moisés al frente de los israelitas en la partida de Egipto, Moisés y los Diez Mandamientos, el rey David, el rey Salomón, el profeta Juan el Bautista.
- Familiarízate con el vocabulario de esta lección: plagas. La definición aparece en el glosario de esta guía.

Bienvenida

Saluda a los niños según vayan llegando. Comprueba si dispones de los materiales y artículos diversos que pudieras necesitar. Pide que hagan cualquier pregunta o comentario que tengan acerca de la sesión anterior y/o compartan con el grupo cualquier nueva información o conclusión en su poder. Comienza rápidamente.

Lectura inicial

Génesis 15:1–6

Enciende la vela y lee en voz alta. Antes de empezar con la lección impresa distribuida, pregunta a los niños cómo saben que Dios está con ellos.

> Dios eligió a Abraham y selló una alianza con él y su descendencia. De él formó a su pueblo, al que reveló su ley por medio de Moisés. Lo preparó por los profetas para acoger la salvación destinada a toda la humanidad.
>
> CCC 72

C10 CATECUMENADO

El pueblo de Dios

"¿Así que Pedro es como el tátara- tátara-tátara-tatarabuelo de la Iglesia?" preguntó Tomás.

"Algo así," sonrió la señora Evans. "La historia de la iglesia es como un árbol genealógico. ¡Incluso podemos rastrear nuestras raíces hasta tiempos anteriores al nacimiento de Jesús! A esto le llamamos la historia de nuestra salvación. Nuestros ancestros en la fe ayudaron a dar forma a muchas de las tradiciones que tenemos hoy. En la Biblia podemos leer sobre ellas".

NIÑOS

CIC 56–64, 121–23, 128–30, 1961–64

El pueblo de Dios

Dales tiempo a los niños para que respondan la pregunta de reflexión. Pide después voluntarios que quieran dar a conocer sus respuestas.

En dependencia de la edad promedio de los niños de tu grupo, decidirás si leerles los pasajes directamente de la Biblia o usar exclusivamente la versión de la lección impresa. Tú conoces a tu grupo, así que utiliza lo que mejor funcione. Si quieres que la lección sea más activa, puedes conseguir sencillas vestimentas de época y dividir a los niños en grupos que representarán, cada uno de ellos, una de las siguientes narraciones bíblicas.

Abraham y Sara

Cuando leas esta historia, pregunta a los niños qué sacramento exige que adopten un nuevo nombre.

Confirmación.

Retoma tu análisis de la Confirmación cuando abordes la importancia de adoptar un nuevo nombre. Con la Confirmación, los niños se convertirán en adultos para la Iglesia y recibirán la misión de salir a difundir la Palabra de Dios. A Abraham y Sara también Dios les asignó una misión especial, la de salir y cultivar la fe en Dios.

Respondan entre todo el grupo la pregunta de reflexión.

Las respuestas sugeridas incluyen: Dios siempre cumple las promesas que nos hace, la Palabra de Dios es verdadera, siempre podemos creer en Dios, y otras por el estilo.

Isaac y Rebeca

Cuando leas esta sección, recuerda a los niños lo aprendido por ellos acerca de los sacramentos de la santa Eucaristía y la Penitencia.

Pregunta a los niños cómo nos alimenta Jesús.

Dándonos de comer de su Cuerpo y su Sangre.

Pregúntales entonces cómo podemos obtener el perdón cuando pecamos.

Participando del sacramento de la Penitencia y Reconciliación.

Concede a los niños tiempo para ellos solos contesten la pregunta de reflexión.

¿Qué quieres aprender sobre la historia de la Iglesia?

Abraham y Sara
Génesis 15—21

Abram creyó en Dios cuando Dios se le reveló. Cuando Dios le dijo, "Abram, toma a tu esposa Sarai y vayan al lugar que yo les mostraré," ellos dejaron su hogar, sus amigos, su familia y siguieron a Dios. Dios los llevó a un lugar llamado Canaán y les cambió los nombres. Abram se convirtió en "Abraham", lo que significa "padre de muchas naciones". Sarai se convirtió en "Sara", que significa "princesa del pueblo".

Dios prometió que Abraham tendría más hijos y nietos que estrella hay en el cielo o granos de arena hay a la orilla del mar. Sara y Abraham estaban felices pero eran viejos y no tenían ningún hijo. ¿Cómo podría hacerse realidad la promesa de Dios?

Finalmente les nació un hijo al que nombraron Isaac.

¿Cómo crees tú que la promesa de Dios a Abraham se hizo realidad?

Isaac y Rebeca
Génesis 24—46

Isaac creció y se casó con Rebeca. Tuvieron unos gemelos a los que llamaron Jacob y Esaú.

Dios cambió el nombre de Jacob y le nombró Israel. Israel tuvo doce hijos (los bisnietos de Abraham). Los hijos de Israel fueron el comienzo de las muchas naciones de Abraham.

José, uno de los hijos de Jacob, tuvo sueños en los que veía a sus hermanos haciendo reverencias ante él. Cuando les contó estos sueños a sus hermanos, ellos se pusieron celosos y conspiraron para librarse de él. José fue vendido como esclavo por sus hermanos y se convirtió en esclavo del faraón de Egipto. Al faraón le agradaba tanto José que lo hizo su segundo al mando.

Entre tanto, allá en su casa, su familia pasaba hambre. Los hermanos fueron a Egipto y rogaron al faraón que les diese comida. Ellos no reconocieron a José, pero este sí sabía quiénes eran ellos. José no estaba enojado. Él amaba a sus hermanos y los perdonó. Les dijo que trajeran a su padre a Egipto. Su familia permaneció en Egipto y vivió con José por muchos años.

¿Por qué crees tú que José perdonó a sus hermanos?

CATECUMENADO JORNADA DE FE

Moisés
Libro del Éxodo

Las doce familias de Israel crecieron y pasaron a ser conocidas como los israelitas. Muchos años después, a un nuevo faraón comenzó a preocuparse porque había demasiados israelitas. El faraón los convirtió en esclavos y ordenó la muerte de todos sus recién nacidos. Una madre escondió a su hijo en un cesto que depositó en el río. La hija del faraón encontró al bebé y le puso Moisés. Ella crió a Moisés como hijo suyo pero cuando él creció, se metió en problemas y huyó.

Dios le dijo a Moisés que regresara a Egipto y dijera al faraón que liberara a los israelitas. Moisés tenía miedo del poder del faraón, así que Dios le permitió llevar consigo a su hermano Aarón. Cuando el faraón se negó a liberar a los israelitas, Dios les envió diez **plagas**, que fueron cosas que causaron problemas a los egipcios hasta que los israelitas pudieron, al fin, partir (Éxodo 7—12).

Entonces Dios apartó las aguas del mar para que los israelitas pudieran cruzarlo sin peligro (Éxodo 14) y les envió maná (pan) del cielo para que tuviera alimento durante su viaje (Éxodo 16).

¿Cómo sigue Dios protegiendo a los descendientes de Abraham?

¿Qué otro "pan del cielo" nos ha enviado Dios a nosotros?

El camino hacia la libertad

Después de salir de Egipto, el pueblo de Dios viajo por el desierto durante ¡cuarenta años! Estaban cansados y hambrientos y, a veces, perdían la fe en Dios. Se quejaban mucho a Moisés. Sin embargo, Dios permaneció junto a ellos y los cuidó hasta que llegaron a la Tierra Prometida. Se puede leer más acerca de ese viaje en Éxodo, en Números y en el Deuteronomio.

David
1 Samuel 16—17

Samuel fue un profeta. Un día, Dios dijo a Samuel que ungiera un rey para dárselo a su pueblo. Dios lo envió a Jesé, un hombre de Belén que tenía ocho hijos. David era el más joven de ellos, era un pastorcito. Cuando Samuel lo vio, Dios dijo, "Levántate y úngelo, porque éste es" (16:12).

Estando los israelitas en guerra con los filisteos, un filisteo alto y fuerte llamado Goliat alardeaba de que él podría derrotar a cualquiera. David era valeroso y se dispuso a luchar contra él. David no contaba más que con una honda y cinco piedras. ¡Ni siquiera tenía una armadura! Pero David tenía a Dios. ¡Dios se valió de David para hacer algo grandioso! Con su honda, David dio una pedrada a Goliat en la cabeza y ganó la batalla.

¿Qué nos enseña la historia de David acerca de la opinión de Dios sobre el poder y la realeza?

¿Dónde más nos muestra Dios su opinión acerca del poder y la realeza?

Moisés

La narración del éxodo que ofrecemos aquí es una versión sumamente condensada. Si dispones de tiempo, pudieras leerles fragmentos de la Biblia para darles más detalles.

Respondan las preguntas de reflexión entre todo el grupo.

Las respuestas incluidas incluyen: Dios salvó a los israelitas de los egipcios, Dios hizo que las aguas del Mar Rojo se abrieran para que los israelitas pudieran pasar sin peligro, Dios garantizó el alimento y el agua a los israelitas en el desierto, etcétera.

Dios nos da a nosotros en la Eucaristía "pan del cielo" en la forma de su Cuerpo.

David

Respondan en conjunto las preguntas de reflexión.

Dios estima que el ser fuerte, rico y poderoso en la tierra no son, necesariamente, rasgos importantes de un rey. Dios quiere que su pueblo sea humilde y obtengan su poder de la confianza depositada en Él.

Dios nos muestra en el Nuevo Testamento este tipo de realeza. Jesús es el Rey de Cielo y Tierra pero viene a la tierra en forma modesta y humilde, no como alguien fuerte y poderoso.

Actividad final

Da a los niños tiempo para que concluyan la actividad. A continuación te ofrecemos las respuestas.

Quién es quién en el Antiguo Testamento

Cada una de las personas de la columna de la izquierda es la protagonista de una historia bíblica. A cada una de ellas corresponde uno de los papeles que aparecen en la columna derecha. Enlaza a la persona con su papel.

Abraham	Fue vendido como esclavo
Moisés	Madre de Isaac
David	Hermano de Moisés
Aarón	Esposa de Isaac
Sara	Sacó de Egipto a los israelitas
José	Padre de los israelitas
Rebeca	Un gran rey

Resumen

- El Antiguo Testamento y el Nuevo Testamento son registros clave de la historia de nuestra salvación.
- El Nuevo Testamento es la continuación del Antiguo Testamento
- Nosotros compartimos una historia común con nuestros antecesores en la fe.

Jornada de Fe para Niños, Catecumenado, C10 (827020)

Imprimi Potest: Stephen T. Rehrauer, CSsR, Provincial de la Provincia de Denver.

Imprimatur: "Conforme al *CIC* 827, el 13 de julio de 2017, el reverendo Mark S. Rivituso, obispo auxiliar de la archidiócesis de St. Louis, concedió el permiso de publicación. El Imprimátur es un permiso para la publicación que indica que la obra no contiene contradicciones con las enseñanzas de la Iglesia Católica, sin embargo no implica la aprobación de las opiniones que se expresan en ella. Con este permiso no se asume ninguna responsabilidad".

Jornada de Fe © 2000, 2017 Liguori Publications, Liguori, MO 63057. Para hacer pedidos, visite *Liguori.org* o llame al 800-325-9521. Liguori Publications, corporación no lucrativa, es un apostolado de los Redentoristas. Para saber más acerca de los Redentoristas visite "Redemptorists.com".

Edición del 2017: Theresa Nienaber-Panuski and Pat Fosarelli, MD, DMin.

Diseño y producción: Wendy Barnes, John Krus, Lorena Mitre Jimenez, Bill Townsend. Ilustraciones: Jeff Albrecht.

LIBROS LIGUORI

Impreso en los Estados Unidos de América. 21 20 19 18 17 / 5 4 3 2 1. Tercera edición.

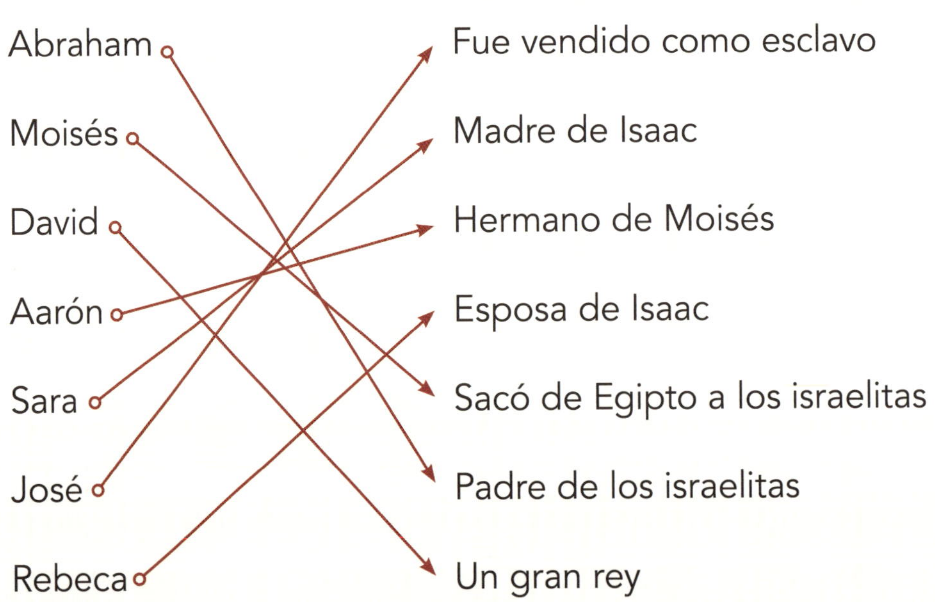

Oración final

Solicita a los niños que formulen las peticiones especiales que tengan, entonces recen todos juntos el Padrenuestro y el Gloria como oración final.

Tarea

Para contribuir a que los niños se familiaricen más con la Biblia, para que busquen en el Antiguo Testamento (con la ayuda de un adulto) una narración sobre el Pueblo Escogido por Dios que no haya sido cubierta en la sesión de hoy. Pide a los niños que anoten esa cita bíblica para que la compartan con el grupo al comienzo de la próxima sesión.

C11: La Iglesia de los inicios

Catecismo: 425, 748–76, 858

Objetivos

- Comenzar a bosquejar el desarrollo de la Iglesia Católica a lo largo del tiempo.
- Identificar en los santos Pedro y Pablo los líderes de la Iglesia de los inicios.
- Conocer cómo encaraban los cristianos de la Iglesia de los primeros tiempos la persecución que sufrían por su fe.

Meditación del maestro

Mateo 10:5–42

Lee y reflexiona sobre la misión de los Doce Apóstoles. ¿Qué similitud existe entre la misión de los Doce y la tuya como testigo de Cristo? ¿Cuándo te has sentido como una oveja entre lobos? ¿Cuándo te has sentido consolado por las palabras de Cristo: "Hasta los cabellos de vuestra cabeza están todos contados? No temáis".

Preparación del maestro

- Lee la lección, este plan de clase, el pasaje de las Escritura y las secciones del *Catecismo.*
- Ten a mano copias del Credo de los Apóstoles para la oración final (lo ideal sería disponer de una copia para cada niño).
- Familiarízate con el vocabulario de esta lección: Pentecostés, Imperio Romano, perseguir. Las definiciones se hallan en el glosario de esta guía.

Bienvenida

Saluda a los niños según vayan llegando. Comprueba si dispones de los materiales y artículos diversos que pudieras necesitar. Pide que hagan cualquier pregunta o comentario que tengan acerca de la sesión anterior y/o compartan con el grupo cualquier nueva información o conclusión en su poder. Comienza rápidamente.

Lectura inicial

Mateo 10:5–25

Enciende la vela y lee en voz alta. Elaboren en conjunto una lista de todas las cosas que les fue ordenado hacer a los apóstoles.

Prediquen a las ovejas perdidas de Israel (no a los paganos ni los samaritanos), curen a los enfermos, devuelvan la vida a los muertos, borren las llagas de los leprosos, no cobren nada, etc.

> Por tanto su ministerio (el de los Apóstoles) es la continuación de la misión de Cristo: "Quien a vosotros recibe, a mí me recibe".
>
> CCC 858

C11 CATECUMENADO

La Iglesia de los inicios

Tanya levantó la mano, "¿Cuándo vamos a hablar de Jesús y los apóstoles? ¿La Iglesia no comenzó con ellos?" preguntó.

"¡Eso es!" manifestó Terrence. "Yo creía que los israelitas eran judíos. ¿Qué tiene que ver ser judío con ser cristiano?"

NIÑOS

CIC 425, 748–76, 858

C11

La Iglesia de los inicios

Entre todos, elaboren una lista de todas las cosas que los israelitas y la Iglesia de los inicios tenían en común. Retoma la lección C10 en busca de algunos ejemplos.

Unos y otros eran seguidores de Dios, Dios les encomendó una misión especial, habían establecido una alianza con Dios, tenían Tradiciones particulares que practicaban en honor a Dios, etcétera.

Jesús hace una promesa

Dales a los niños tiempo para que conteste la primera pregunta de reflexión individualmente.

Después, contesten entre todo el grupo la segunda pregunta mediante la elaboración de una lista.

Después de cada lección, los niños pueden compartir con sus padres el contenido de las lecciones impresas que reciben en clase, dirigir la oración familiar a la hora de comer, hablarles sobre sus historias bíblicas favoritas o de las historias de santos que prefieren, y cosas por el estilo.

Al concluir esta sección, dales a los niños tiempo para que contesten la última pregunta de reflexión. Pide voluntarios dispuestos a compartir sus respuestas con el grupo. ¡Para esta pregunta sería bueno que también tú dieras a conocer tu respuesta!

CATECUMENADO

JORNADA DE FE

¿Qué crees tú que tenían en común los israelitas y la Iglesia de los inicios?

Jesús el judío

María y José eran descendientes del rey David. Eso significa que eran judíos. Jesús también fue criado como judío. Él practicaba la ley judía y celebraba las fiestas judías con su comunidad. Sin embargo, Jesús sabía que planeaba otras cosas para su pueblo.

Jesús hace una promesa

Jesús vino para dar cumplimiento al reino de Dios. Él buscó personas que lo siguieran y creyeran en él. Jesús escogió doce apóstoles y les enseñó. Durante años, Jesús permaneció junto a sus apóstoles, caminó y comió con ellos y les enseñó muchas cosas. Cuando llegó el momento de que Jesús partiera de este mundo, él envió a los apóstoles a predicar y enseñar. Jesús les prometió enviarles un Ayudante:

> *"Cuando venga él, el Espíritu de la verdad, os guiará hasta la verdad completa; pues no hablará por su cuenta, sino que hablará lo que oiga, y os anunciará lo que ha de venir. El me dará gloria, porque recibirá de lo mío y os lo anunciará a vosotros. Todo lo que tiene el Padre es mío".*
>
> Juan 16:13–15

Jesús compartió su Espíritu con los apóstoles y les garantizó que ellos podrían conducir el mundo a la verdad. Todos los cristianos bautizados están llamados a tomar parte en esa misión.

¿Cómo te sentirías si fueras uno de los apóstoles y tuvieras que difundir la buena nueva?

¿Cómo puedes tú compartir con tus amigos y tu familia lo que estás aprendiendo en el RICA?

Después de la muerte de Jesús, sus apóstoles estaban tristes y asustados. En lugar de predicar y enseñar, se encerraron. Ellos no querían que los lastimaran o que lo mataran como habían hecho con Jesús.

¡Pero Jesús regresó! Él se apareció a sus discípulos muchas veces. De nuevo habló y comió con ellos. ¡Qué felices se pusieron! Al fin comprendieron que Jesús nunca moriría. Una vez más Jesús les prometió enviar el Espíritu Santo para que los ayudara. Entonces ascendió a los cielos.

¿Cómo te sentirías tú si Jesús viniera a hablar y comer contigo?

El cumpleaños de la Iglesia
Hechos 2

Los discípulos estaban rezando en una habitación en los altos de una casa. Ellos no sabían cómo iban a edificar la Iglesia de Jesús. Necesitaban ayuda.

De pronto, un gran ruido, como de un fuerte viento, llenó la casa. El Espíritu Santo vino en forma de llama y se posó sobre sus cabezas. El Espíritu Santo dio a los apóstoles el valor para que hablasen por Jesús. Salieron y comenzaron a predicar. Cientos de miles creyeron en la Palabra de Jesús y se unieron a la Iglesia.

Celebramos ese día como el del cumpleaños de la Iglesia o **Pentecostés**.

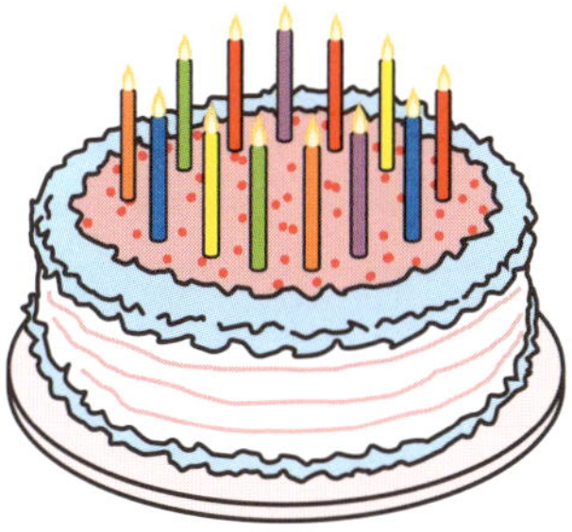

Un hombre llamado Saulo

En los primeros tiempos de la Iglesia era peligroso ser cristiano. Dondequiera que los apóstoles intentaban predicar o la Iglesia de los inicios intentaba crecer, el **Imperio Romano** emprendía la **persecución** a los cristianos. Eso significaba que los arrestaban, les hacían daño o los mataban por el simple hecho de ser cristianos.

Había un judío llamado Saulo que era realmente malo con los cristianos. Iba a sus casas y los llevaba a rastras para la prisión. Todos los cristianos le temían a Saulo.

Un día, Saulo salió a arrestar a más cristianos:

> *De repente le rodeó una luz venida del cielo, cayó en tierra y oyó una voz que le decía: "Saúl, Saúl, ¿por qué me persigues?" El respondió: "¿Quién eres, Señor?" Y él: "Yo soy Jesús, a quien tú persigues. Pero levántate, entra en la ciudad y se te dirá lo que debes hacer".*
>
> Hechos 9:3–6

Los hombres que acompañaban a Saulo también oyeron la voz pero no vieron a nadie. Cuando Saulo se puso de pie, no veía. Los hombres con los que estaba tuvieron que conducirlo a lo largo del camino.

Después Dios envió a un hombre llamado Ananías a donde Saulo. Ananías sabía todo lo que Saulo había hecho y no quería ir. Dios le dijo entonces, "Ve, pues éste me es un instrumento de elección que lleve mi nombre a (todos)..." (9:15). Mediante el poder de Dios, Ananías sanó a Saulo. Dios le cambió el nombre a este y Saulo pasó a llamarse Pablo. Pablo se convirtió en uno de los principales predicadores que haya tenido la Iglesia. Sus escritos, junto con los Evangelios, forman la mayor parte del Nuevo Testamento.

CATECUMENADO | JORNADA DE FE

El cumpleaños de la Iglesia

Cuando hagas tu exposición sobre Pentecostés, recuerda a los niños que el acontecimiento tiene lugar 50 días después de la Pascua. Si tienes en tu aula un calendario litúrgico, señala ese domingo con un círculo y diles a los niños en qué fecha será celebrado este año. Si tu parroquia hace algo especial por Pentecostés (como animar a todos los fieles a que vistan algo rojo en la misa), explícales esas tradiciones.

Pon énfasis en que el Espíritu Santo, el abogado que Jesús nos prometió, vendrá a los niños en una forma especial cuando sean confirmados. Su confirmación marcará su plena iniciación en la comunidad de la Iglesia y, al igual que los apóstoles, significará que han recibido la misión de evangelizar, de salir y compartir la buena noticia.

Un hombre llamado Saulo

En dependencia de la edad promedio de los niños de tu grupo, pudieras decidir leer toda, o parte de, la narración de la conversión de Saulo directamente de la Biblia (Hechos 9:1–30) y no de la adaptación elaborada para la lección.

Al discutir la historia de Saulo, pregunta a los niños si les viene a la mente alguna otra persona de Dios que no haya actuado desde el principio un santo. Los niños seguramente encuentren algunos ejemplos cuando hagan la investigación en busca de su nombre bautismal o de confirmación, pero puede ser que quieras darles una ayuda proporcionándoles los nombres y las historias resumidas de algunos santos con esas características.

*He aquí dos ejemplos con los cuales comenzar. **San Agustín de Hipona** pasó la mayor parte de su juventud llevando una mala vida y siendo un pagano hasta que finalmente se convirtió al cristianismo. Cuando era una adolescente, a **Teresa de Ávila** le interesaban más los chicos y las ropas que Dios pero, después de pasar un tiempo en un convento, empezó a conocer más a Dios y su vida cambió.*

Actividad final

Cuando esté próximo el final de la lección, da a los niños tiempo para que terminen la actividad final. Si están trabados en una palabra, anímalos a regresar a la lección impresa que han recibido y echarle una ojeada en busca de ayuda. Circula entre ellos mientras trabajan, ratifica las respuestas correctas y aclara cualquier confusión que haya. A continuación aparecen las respuestas.

1. Jesús convocó a doce apóstoles y los preparó para el ministerio de la predicación.
2. En Pentecostés, Jesús envió al abogado a la casa en que se encontraban.
3. Pablo quedó ciego pero fue curado por Ananías.
4. Antes de la Ascensión, Jesús prometió enviar al Espíritu.

LLENAS LOS ESPACIOS EN BLANCO

Completa las siguientes oraciones seleccionando de las listas que aparecen a continuación una palabra que comienza con A o con P.

Palabras con A

Abogado

Ananías

Apóstoles

Ascensión

Palabras con P

Pablo

Pentecostés

Predicación

Prometió

Jesús convocó a doce ________________ y los preparó para el ministerio de la ________________.

En ________________, Jesús envió al ________________ a la casa en la que se encontraban.

________________ quedó ciego pero fue curado por ________________.

Antes de la ________________, Jesús ________________ enviar al Espíritu.

Resumen

- La Iglesia Católica se desarrolló a lo largo del tiempo.
- Los santos Pedro y Pablo fueron los líderes de la Iglesia de los inicios.
- Los cristianos de la Iglesia de los inicios fueron víctimas de la persecución.

Jornada de Fe para Niños, Catecumenado, C11 (827020)

Imprimi Potest: Stephen T. Rehrauer, CSsR, Provincial de la Provincia de Denver.

Imprimatur: "Conforme al *CIC* 827, el 13 de julio de 2017, el reverendo Mark S. Rivituso, obispo auxiliar de la archidiócesis de St. Louis, concedió el permiso de publicación. El Imprimátur es un permiso para la publicación que indica que la obra no contiene contradicciones con las enseñanzas de la Iglesia Católica, sin embargo no implica la aprobación de las opiniones que se expresan en ella. Con este permiso no se asume ninguna responsabilidad".

Jornada de Fe © 2000, 2017 Liguori Publications, Liguori, MO 63057. Para hacer pedidos, visite *Liguori.org* o llame al 800-325-9521. Liguori Publications, corporación no lucrativa, es un apostolado de los Redentoristas. Para saber más acerca de los Redentoristas visite "Redemptorists.com".

Edición del 2017: Theresa Nienaber-Panuski and Pat Fosarelli, MD, DMin.

Diseño y producción: Wendy Barnes, John Krus, Lorena Mitre Jimenez, Bill Townsend. Ilustraciones: Jeff Albrecht.

LIBROS LIGUORI

Impreso en los Estados Unidos de América. 21 20 19 18 17 / 5 4 3 2 1. Tercera edición.

Oración final

Lee el Credo de los Apóstoles como oración final. Si solo dispones de una copia del Credo, puedes hacerla circular por el grupo permitiendo que quienes quieran hacerlo voluntariamente, lean unas pocas líneas y la sigan pasando. También puedes leerlo tú y hacer que los niños repitan cada línea tras de ti.

Tarea

Pide a los niños que, en casa y con su familia, redacten una oración de la familia al Espíritu Santo y la recen juntos cada día de esta semana al comenzar el día o en la noche antes de irse a la cama.

C12: Historia de la Iglesia

Catecismo: 811–70

Objetivos

- Comenzar un esbozo de los principales acontecimientos de la Iglesia.
- Obtener información sobre algunos de los santos u órdenes religiosas que contribuyeron a edificar la Iglesia.
- Identificar en el Espíritu Santo la fuerza motriz de la Iglesia.

Meditación del maestro

Mateo 28:16–20

Con estas palabras recogidas por Mateo, Jesús insufló vida a su Iglesia. Esas mismas palabras nos mantienen unidos hoy y le dan vida a la Iglesia. Escucha a Jesús diciéndote esas palabras a ti. Comparte esa asombrosa verdad con cada uno de los participantes de tu clase del RICA de hoy. El Señor que guía a la Iglesia promete estar con cada uno de nosotros todos los días.

Preparación del maestro

- Lee la lección, este plan de clase, el pasaje de las Escrituras y las secciones del *Catecismo*.
- Si en tu parroquia hay algún misionero o alguien que pertenezca a una orden religiosa, invítalo para que hable de su trabajo y cómo contribuye a expandir la Iglesia.
- Familiarízate con el vocabulario de esta lección: Constantino el Grande, Padres de la Iglesia, cisma, Iglesia Ortodoxa Oriental, Constantinopla, Iglesia de Occidente (o Iglesia Latina), Martín Lutero, protestante, órdenes religiosas, misioneros, Vaticano II. Las definiciones aparecen en el glosario de esta guía.

Bienvenida

Saluda a los niños según vayan llegando. Comprueba si dispones de los materiales y artículos diversos que pudieras necesitar. Pide que hagan cualquier pregunta o comentario que tengan acerca de la sesión anterior y/o compartan con el grupo cualquier nueva información o conclusión en su poder. Comienza rápidamente.

Lectura inicial

Mateo 28:16–20

Enciende la vela y lee en voz alta. Después de leer, pregunta a los niños qué mandamiento dio Jesús a sus apóstoles. (*Hacer discípulos de todas las naciones, bautizarlas y enseñarles como Jesús lo hizo*). Pregunta a los niños si piensan que este mandamiento fue dado solo a los apóstoles o si todos los cristianos tienen la misión de difundir las enseñanzas de Jesús. (*Todos los cristianos tienen la misión de evangelizar, pero los apó*stoles fueron llamados a hacerlo en forma especial, como sacerdotes*)*.

> La Iglesia, enriquecida con los dones de su Fundador y guardando fielmente sus mandamientos del amor, la humildad y la renuncia, recibe la misión de anunciar y establecer en todos los pueblos el Reino de Cristo y de Dios. Ella constituye el germen y el comienzo de este Reino en la tierra.
>
> *CCC 768*

C12 CATECUMENADO

Historia de la Iglesia

"¿Quién pudiera contarme algo que sus abuelos transmitieron a sus padres y sus padres les transmitieron a él o ella?" preguntó la señora Evans.

"Mis abues siempre preparaban los domingos una gran cena para la familia. Ahora mi papá hace eso. Cuando yo sea grande, seré yo quien invite a la familia", dijo Terrence sonriendo.

"Mi mamá uso el traje de novia de mi abuela", añadió Lisa. "Mi mamá dice que ella lo tiene guardado por si yo quiero usarlo".

"¡Formidable!" los animó la señora Evans. "Nuestra familia en la fe tiene también tradiciones como esas. Esas tradiciones han pasado de una a otra generación y los católicos de todo el mundo las comparten".

NIÑOS

CIC 811–70

Historia de la Iglesia

Dales a los niños tiempos para responder la pregunta de reflexión con una lista de las tradiciones de sus respectivas familias. Para que los niños se decidan a comenzar, cuéntales de algunas tradiciones de la tuya.

Historia: Un relato de familia

Dales a los niños tiempo para responder la pregunta de reflexión e invita a que se ofrezcan voluntarios que quieran dar a conocer sus respuestas.

Respondan entre todos la segunda pregunta de esta sección. Puedes animar a los niños a que respondan, preguntándoles por qué consideran que es importante que ellos aprendan sobre la fe con alguien como tú antes de convertirse en católicos, o por qué es importante que ellos tengan un espónsor o un padrino o madrina que les ayude a vivir su fe.

Las respuestas pueden variar, pero los niños deben llegar a comprender que, al igual que sucede con la escuela, es importante que les enseñe sobre la fe alguien que sea experto en la materia para que puedan estar seguros de que lo que están aprendiendo es lo correcto. Es también importante que aprendan todo lo relativo a las tradiciones de la Iglesia de alguien que forme parte de ella. Nuestras tradiciones familiares pueden parecerle extrañas o ser malentendidas por alguien nunca haya tomado parte en ellas o que no conozca su historia.

¿Qué tradiciones han pasado de unos a otros en tu familia?

Historia: Un relato de familia

Todas las familias tienen sus anécdotas y tienen su historia. Conocer lo que ocurrió en tu familia antes de que tú nacieras te ayuda a entender a tu familia y a entenderte mejor a ti mismo. Si tu tatarabuelo fue un pionero, eso pudiera explicar por qué te gusta explorar nuevos lugares. Si tu abuela era modista, tú pudieras entender de dónde viene tu amor por la ropa.

Enumera los hobbies o intereses que compartes con, al menos, una persona de tu familia.

La historia de la Iglesia tiene muchas etapas. Aprender más sobre la Iglesia te ayudará a comprender mejor tu religión. ¡Puede que hasta te ayude a comprenderte a ti mismo!

En el siglo IV, siendo **Constantino el Grande** el gobernante romano, el Imperio Romano permitió la práctica legal del cristianismo. Eso hizo posible la realización de reuniones, la celebración del culto y el estudio de las doctrinas de Jesús en paz. Al comenzar a crecer la Iglesia, los **Padres de la Iglesia**, que fueron obispos y monjes muy instruidos y fieles, contribuyeron a que se entendiera mejor la fe. Entre esos Padres de la Iglesia de los tiempos iniciales se cuentan los santos Ignacio, Clemente, Ambrosio, Jerónimo, Basilio, Gregorio y Agustín.

¿Por qué fue importante para los nuevos católicos aprender de la fe de personas como los Padres de la Iglesia?

Problemas de familia

Aun contando con la guía del Espíritu Santo podemos cometer errores. Cuando partes de la Iglesia manifiesta estar en desacuerdo y se separan, decimos que ha sucedido un **cisma**, lo que significa que ha ocurrido una separación o división. A veces las personas se confunden y piensa que su verdad es la verdad de Dios. Con el paso del tiempo, esas confusiones conducen a disputas en la Iglesia. Incluso algunas personas se alejaron completamente de la Iglesia debido a esos desacuerdos. Con todo, Dios sigue queriendo que toda su familia esté unida, así que hasta el día de hoy la Iglesia sigue trabajando para que todos volvamos a ser uno.

En 1054, la Iglesia **Oriental**, u **Ortodoxa**, cuya sede estaba en **Constantinopla** (hoy Estambul, Turquía) estaba en desacuerdo con el papel del papa y con la forma en que la Iglesia se refería al Espíritu Santo, así que se separó de la Iglesia **Occidental**, o **Latina**, cuya sede está en Roma.

En el siglo XVI, un monje católico llamado **Martín Lutero** vio, junto a otros, que se estaban cometiendo errores. Él quería que la Iglesia cambiase su forma de actuar. Martín Lutero no quería crear una nueva iglesia pero hubo falta de comunicación entre las partes. Entonces intervinieron líderes no religiosos ¡y las cosas se

Problemas de familia

Al entrar a analizar los cismas que condujeron a que se produjeran divisiones en la Iglesia de los inicios, pregúntales a los niños si algunas vez han tenido una discusión con un amigo y después se han dado cuenta de que todo no había sido más que un malentendido o el resultado de que alguna palabra o acción fuese tomada en el mal sentido. Eso fue, más o menos, lo que hizo surgir desacuerdos en los primeros tiempos de la Iglesia.

Cuando discutas la muy abreviada versión de la Reforma Protestante que ponemos a tu disposición, muéstrate delicado para con los niños que provengan de un entorno protestante. Si bien nosotros estamos en desacuerdo con esas iglesias en cuestiones teológicas, debes hacer hincapié en que todos compartimos un mismo bautismo y un mismo Dios. El ser protestante no hace a nadie una mala persona. De hecho, descubrir qué creencias tenemos en común es un magnífico punto de partida para hablar de qué es lo que hace diferente a la Iglesia Católica.

enredaron más! Toda esa confusión llevó a que Martín Lutero y otros se separaran de la Iglesia y formaran sus propias iglesias. Esas iglesias de nueva creación fueron llamadas **protestantes** porque fueron fundadas por personas que protestaron contra lo que estaba pasando en ese entonces en la Iglesia.

La familia se ha desarrollado

Algunos grupos católicos crearon órdenes religiosas. Las **órdenes religiosas** son grupos de hombres y mujeres que viven juntos y se centran en una espiritualidad específica o en determinada forma de servir a Dios. Algunas de las actuales órdenes religiosas son las de los jesuitas, los franciscanos, los redentoristas y los dominicos. Ellos se dedican a enseñar en escuelas, ayudar en hospitales, predicar y llevar una vida de oración.

Otros eligen convertirse en misioneros. Los **misioneros** van a lugares distantes a difundir la buena nueva y servir a los pobres. Muchas comunidades misioneras están todavía activas en la actualidad.

La Iglesia del siglo veinte

En 1959, el papa Juan XXIII convocó a una reunión de obispos, laicos y líderes de otras comunidades cristianas para una reunión conocida como **Vaticano II**. Esa reunión tuvo como resultado importantes anuncios, entre los que se cuentan:

- Los laicos debían estar más involucrados en el trabajo de la Iglesia y ayudar a los sacerdotes durante la celebración de la misa con la proclamación de la primera y la segunda lecturas, la dirección de los cantos y la organización de las celebraciones de la Iglesia.
- La misa podría celebrarse en el idioma del pueblo participante en ella (como en el caso del idioma inglés) y no solo en latín.
- Debía estimularse al pueblo a estudiar la Biblia y dedicar más tiempo al aprendizaje de su fe.
- La familia de la Iglesia continuaría ayudando a los necesitados, promoviendo la educación y combatiendo el egoísmo.
- A pesar de los desacuerdos del pasado, la Iglesia está dispuesta a trabajar con otras religiones y con personas no religiosas para poner fin a las cosas malas que, como el aborto, la guerra y la pobreza, están presentes en el mundo.

La Iglesia de hoy

La Iglesia trabaja muy duro para preservar la verdad. El mundo ha cambiado mucho desde los tiempos de Jesús, pero nuestro Dios y nuestra fe continúan siendo los mismos.

- Dios Padre es el creador.
- Dios Hijo nos salvó y nos dio los sacramentos, especialmente la Eucaristía.
- Dios Espíritu Santo está siempre al frente de la Iglesia, en los buenos y los malos tiempos.
- La Iglesia sigue inspirando al pueblo mediante la Palabra de Dios expresada en las Escrituras.

La familia se ha desarrollado

Cuando abordes las órdenes religiosas, pregunta a los niños si conocen a alguien que forme parte de una orden religiosa o si conocen a algún misionero. Si en tu parroquia hay alguien que haya trabajado como misionero, o si hay algún hermano o alguna hermana de una orden religiosa, encárgale la dirección de esta sección para que compartan su experiencia.

La Iglesia del siglo veinte

Al analizar el Vaticano II, pon énfasis en que los papas de la Iglesia con frecuencia escriben y dan a conocer documentos que incrementan nuestra comprensión de cuestiones relativas a la Iglesia o que ponen las enseñanzas de esta a tono con el contexto del mundo actual. Ello no significa que el papa cambie las doctrinas de la Iglesia. Las enseñanzas medulares de la Iglesia han sido siempre las mismas. Es tarea del papa aclarar esas doctrinas cuando el pueblo se siente desorientado y recordarle cómo podemos vivirlas hoy.

La Iglesia de hoy

Cuando leas los puntos contenidos en la lista, invita a los niños a responder a cada uno de ellos con un "¡Lo creo!".

Actividad final

Cuando esté próxima a concluir la lección de hoy, dales tiempo a los niños para que completen la actividad final de forma individual o en parejas. Si los niños disfrutan enfrentar un reto, anímales a buscar en la lección términos que no están en su banco de palabras y a añadirlos en la columna que les corresponda; incluso pueden añadir palabras que ni siquiera están en la lección impresa entregada a ellos. Si dispones de tiempo, traza o muestra en la pizarra el cuadro para que los niños llenen los espacios en blanco con sus respuestas. A continuación te proporcionamos las respuestas. En cursivas hemos incluidos algunas de las posibles palabras adicionales.

¿Quién es quién y qué es qué?

Determina si cada una de las palabras que aparecen a continuación corresponde a una persona, una orden religiosa, una iglesia cristiana o un suceso de la historia de la Iglesia. Escríbela entonces en la columna correcta.

Ambrosio **Constantino** **Concilio** **Franciscana**

Jesuita **Luterana** **Orthodoxa** **Cisma**

Persona	Órdenes / Grupos	Iglesias	Acontecimientos

Resumen

- La Iglesi`a tiene una historia variada y rica.
- Los santos y las órdenes religiosas ayudaron a edificar la Iglesia.
- El Espíritu Santo guía la Iglesia.

Jornada de Fe para Niños, Catecumenado, C12 (827020)
Imprimi Potest: Stephen T. Rehrauer, CSsR, Provincial de la Provincia de Denver.
Imprimatur: "Conforme al *CIC* 827, el 13 de julio de 2017, el reverendo Mark S. Rivituso, obispo auxiliar de la archidiócesis de St. Louis, concedió el permiso de publicación. El Imprimátur es un permiso para la publicación que indica que la obra no contiene contradicciones con las enseñanzas de la Iglesia Católica, sin embargo no implica la aprobación de las opiniones que se expresan en ella. Con este permiso no se asume ninguna responsabilidad".
Jornada de Fe © 2000, 2017 Liguori Publications, Liguori, MO 63057. Para hacer pedidos, visite *Liguori.org* o llame al 800-325-9521. Liguori Publications, corporación no lucrativa, es un apostolado de los Redentoristas. Para saber más acerca de los Redentoristas visite "Redemptorists.com".
Edición del 2017: Theresa Nienaber-Panuski and Pat Fosarelli, MD, DMin.
Diseño y producción: Wendy Barnes, John Krus, Lorena Mitre Jimenez, Bill Townsend. Ilustraciones: Jeff Albrecht.

Impreso en los Estados Unidos de América. 21 20 19 18 17 / 5 4 3 2 1. Tercera edición.

PERSONAS	ÓRDENES / GRUPOS	IGLESIAS	ACONTECIMIENTOS
Ambrosio	Franciscanos	Luterana	Cisma
Jesús	Jesuitas	Ortodoxa u *Oriental*	Concilio
Papa Juan XXIII	*Misioneros*	*Occidental o Latina*	*Vaticano II*
Martín Lutero	*Dominicos*		
San Gregorio	*Redentoristas*		
San Agustín			
San Ignacio			
Constantino			

Oración final

Recen juntos el Padrenuestro. Recuerda a los niños que esta oración ha estado presente en la Iglesia durante toda su historia y hasta el día de hoy es pronunciada por muchas denominaciones cristianas.

Tarea

Anima a los niños a escoger una de las personas, grupos, iglesias o acontecimientos de la actividad final e investigar más sobre el tema durante esta semana con la ayuda de sus padres, padrinos o espónsor.

C13: Vivir hoy a la manera de Jesús

Catecismo: 1776–1832

Objetivos

- Identificar en Jesús nuestro ejemplo para llevar una vida moral ideal.
- Descubrir que nuestra conciencia es algo que tenemos que formar según vamos creciendo.
- Comenzar a practicar la introspección o el examen de conciencia.

Meditación del maestro

Proverbios 3:5–6

Puede resultarnos fácil mirar a otras personas y pensar: "Bueno, al menos yo no hago eso". Pero cuando "confiamos en el Señor", tenemos que hacer algo más que apoyarnos en nuestra propia interpretación del bien y el mal. Tenemos que interpretar el mundo en la forma en que Jesús nos ve. Es con frecuencia en las situaciones y las elecciones más difíciles cuando se requiere que nos apoyemos menos en nosotros mismos y más en Dios. ¿Cuándo has necesitado que la Iglesia te ayude a hacer elecciones difíciles? ¿Ha sido difícil seguir las enseñanzas de la Iglesia en esos momentos?

Preparación del maestro

- Lee la lección, este plan de clase, el pasaje de las Escrituras, y las secciones del *Catecismo.*
- Pudiera resultarte también a propósito tener para esta lección los Diez Mandamientos en algún lugar visible del salón o tener abierta to Biblia en Éxodo 20:1–17.
- Para la actividad final imprime cada uno de los mandamientos en una hoja de papel aparte. Si tienes pensado dividir la clase en grupos para que los niños completen la actividad, imprime suficientes juegos para que cada grupo disponga de uno.
- Valora la posibilidad de utilizar la canción "Restless" (Audrey Assad y Matt Maher, en *The House You're Building*, Sparrow) como oración final.
- Familiarízate con el vocabulario de esta lección: los Diez Mandamientos, conciencia. Las definiciones aparecen en el glosario de esta guía.

Bienvenida

Saluda a los niños según vayan llegando. Comprueba si dispones de los materiales y artículos diversos que pudieras necesitar. Pide que hagan cualquier pregunta o comentario que tengan acerca de la sesión anterior y/o compartan con el grupo cualquier nueva información o conclusión en su poder. Comienza rápidamente.

Lectura inicial

Mateo 22:34–40

Enciende la vela y lee en voz alta. Pregunta a los niños si piensan que hay diferencia entre limitarse a seguir las reglas porque no queda otro remedio que hacerlo, y seguir las reglas porque uno las comprende y sabe que es lo correcto. (A los niños pudiera resultarles difícil comprender esto, así que trata de darles algunos ejemplos como el de decirles que es diferente no hablar en clases porque no quieres meterte en problemas y no hablar porque quieres aprender).

> Los diez mandamientos están grabados por Dios en el corazón del ser humano.
>
> CCC 2072

C13 CATECUMENADO

Vivir hoy a la manera de Jesús

Lisa le estaba hablando a la clase. "Una de mis amigas del equipo de soccer dice que los católicos tienen demasiadas reglas y que su religión no es así. Señora Evans, ¿por qué les gustan tanto las reglas a los católicos?"

La señora Evans sonrió. "Es cierto que algunas personas piensan que tenemos muchísimas reglas, pero la mayoría son iguales a las que tienen otros cristianos porque se basan en lo que dijo Jesús o en lo que está escrito en la Biblia. Ellas, al igual que las reglas que hay en el hogar y el la escuela, hacen que nuestras vidas sean mejores. Tomemos el caso de los Diez Mandamientos".

NIÑOS

CIC 1776–1832

Los Diez Mandamientos

Para contribuir a enfatizar que la obediencia a los Diez Mandamientos no se limita a no buscarse problemas con Dios, puedes redactarlos en forma tal que se exprese la idea complementaria que le corresponda. A continuación ofrecemos un ejemplo aplicado a cada uno de los mandamientos, pero tu clase puede redactarlos de forma diferente.

1. Demostrarás a Dios que lo amas porque es tu Padre celestial.
2. Tratarás el nombre de Dios con respeto, lo mismo que lo haces con los nombres de otras personas a las que amas.
3. Celebrarás tu fe de forma especial participando en la misa (al menos) todos los domingos.
4. Jesús será tu ejemplo de cómo tratar a tus padres y a otros adultos.
5. Respetarás la vida en todas sus formas.
6. Mantener la santidad de los sacramentos, especialmente la del matrimonio.
7. Todo lo que tengas lo obtendrás con tu trabajo honesto y lo compartirás con los necesitados.
8. Dirás la verdad y evitarás el chisme y andar inventando historias.
9. Respetarás todo lo que pertenezca a otras personas.
10. Tratarás a todos como miembros del Cuerpo de Cristo porque ¡todos somos familia de Jesús!

JORNADA DE FE CATECUMENADO

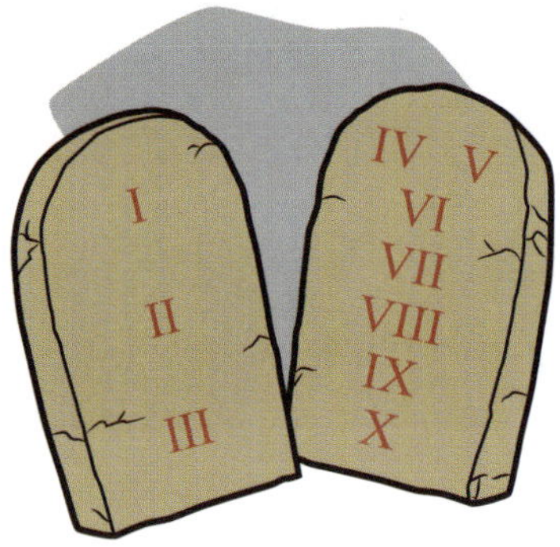

Los Diez Mandamientos

Los **Diez Mandamientos** son las reglas que Dios dio a Moisés y aparecen en el Antiguo Testamento. Esas diez reglas explican cómo quiere Dios que vivamos. Las tres primeras nos dicen cómo amar a Dios. Las otras siete nos dicen cómo amarnos los unos a los otros.

1. No adorarás a nada ni nadie que no sea Dios.
2. Solo pronunciarás el nombre de Dios respetuosamente.
3. El domingo es el día de Dios y lo celebrarás.
4. Respetarás y obedecerás a tus padres.
5. No matarás.
6. Le serás fiel a tu esposo o esposa.
7. No robarás.
8. No mentirás.
9. No envidiarás lo que otras personas poseen.
10. No envidiarás a otro los miembros de su familia.

adaptado de Éxodo 20:1–17

Los dos grandes mandamientos

Jesús nació y se crió en la fe judía. Él conocía bien las Escrituras hebreas. Él conocía los Diez Mandamientos y las otras leyes y reglas que aparecen en el Antiguo Testamento pero se dio cuenta de que esas leyes estaban siendo alteradas por algunos de los líderes judíos. Ellos estaban tratando las leyes como reglas para lograr parecer santos y no para amar a Dios y tratar de ser santos. Jesús enseñó que las leyes son buenas pero tenemos que vivirlas con todo nuestro corazón.

Jesús nos dio dos nuevos mandamientos como garantía de que el amor a Dios y a los demás estuvieran siempre en el centro de nuestras leyes (ver Mateo 22:37–39; Marcos 12:30–31; Lucas 10:27).

1. Amarás a Yahveh tu Dios con todo tu corazón, con toda tu alma y con toda tu fuerza (Deuteronomio 6:5).
2. Amarás a tu prójimo como a ti mismo (Levítico 19:18).

¿Cómo demuestras a Dios tu amor por él al obedecer los Diez Mandamientos?

¿Cómo demuestras que amas a tu prójimo al obedecer los Diez Mandamientos?

Los dos grandes mandamientos

Cuando expongas esta sección, pregunta a los niños por qué creen que es importante que sigamos tanto "la letra" como "el espíritu" de las leyes de Dios en lugar de limitarnos a cumplir las reglas para parecer santos.

Es importante que realmente creamos y no que simplemente queramos aparentar que creemos. Si solo seguimos las leyes cuando podemos ser vistos por otras personas, aumentan las probabilidades de seamos tentados a pecar cuando nadie nos esté viendo.

Dales a los niños tiempo para responder las dos preguntas de reflexión ellos solos y pide después voluntarios dispuestos a compartir con el grupo sus respuestas.

Si conocemos a Jesús y creemos en él, eso se muestra en todo lo que hacemos. Nosotros somos como espejos que reflejan su manera de ser. A Jesús lo escuchamos, de él aprendemos y seguimos su ejemplo.

Cuando vivimos como Jesús, nos hacemos más fuertes. Cuando Dios es lo primero para nosotros, podemos enfrentarnos a quienes quieren que hagamos cosas malas o incorrectas.

> *"Todo el que oiga estas palabras mías y las ponga en práctica, será como el hombre prudente que edificó su casa sobre roca: cayó la lluvia, vinieron los torrentes, soplaron los vientos, y embistieron contra aquella casa; pero ella no cayó, porque estaba cimentada sobre roca".*
>
> Mateo 7:24–25

Tu conciencia es tu guía

¿Cómo sabes si has tomado la decisión correcta? ¿Qué te dice si alto es correcto o incorrecto?

A veces lo sabes porque tus padres u otros adultos en los que confías te lo han dicho. A veces Jesús, a través de la Iglesia, nos ayuda a explicarnos por qué algo es bueno o malo para nosotros. Nuestra habilidd para reconocer si algo es bueno o malo con la ayuda de la Iglesia, de adultos en los que confiamos y del Espíritu Santo, recibe el nombre de **conciencia**. Tu conciencia es el Espíritu Santo que le habla a tu corazón para ayudarte a adoptar las decisiones correctas.

¿Cómo logras darte cuenta de qué debes hacer porque es lo correcto?

La Iglesia también nos ayuda

Jesús pidió a sus apóstoles que prestaran atención a todo lo que les enseñaba. Antes de regresar al cielo, Jesús dio a los apóstoles y a las personas que decidieran seguirlos, autoridad para hablar y actuar en su nombre. Los apóstoles utilizaron las enseñanzas y el ejemplo de Jesús para guiar la Iglesia.

Hoy en día, el papa, los obispos y los sacerdotes continúan la obra de los apóstoles. A ellos los guían Jesús y el Espíritu Santo. El mundo ha cambiado mucho desde los tiempos de Jesús y es por eso que el papa y los obispos usan las doctrinas de Jesús para ayudarnos a vivir a la manera de Jesús en un mundo que es hoy un lugar diferente.

Las enseñanzas del papa y los obispos deberán servirnos de guía para nuestras decisiones y para eliminar las confusiones sobre qué es correcto y qué es incorrecto.

Tal como Jesús nos enseñó, ¡todo lo que hagamos deberá ser hecho con amor por Dios y por los demás!

Tu conciencia es tu guía

Contesten entre todos la pregunta de reflexión. Si dispones de tiempo, puedes hasta elaborar un diagrama de flujo o una serie de instrucciones paso por paso sobre cómo se puede tomar las decisiones correctas sobre la base de las respuestas dadas por los niños. No dejes de incluir en uno de los pasos una oración o una petición a Dios.

Anima a los niños a copiar tu guía y a utilizarla siempre que tengan que tomar una decisión importante. También puedes incitar a los niños a utilizar la guía de atrás hacia adelante para reflexionar sobre aquellos momentos en los que sabe que no hicieron la elección correcta al no estar seguros de qué hacer. Esto les ayudará a aprender de sus experiencias y les proporcionará una introducción a formas más más elaboradas de oración, como es el caso del *Examen* de san Ignacio.

La Iglesia también nos ayuda

Al discutir esta sección, haz una lista de todas las formas en que la Iglesia nos ayuda a vivir como Jesús.

En la misa escuchamos en las lecturas de los Evangelios cómo actúa Jesús, la Iglesia nos proporciona orientaciones para vivir como Jesús, podemos participar en el sacramento de la penitencia para que nos sean perdonados nuestros pecados, podemos reflexionar en las vidas de los santos para ver cómo personas ordinarios pueden hacerse más parecidas a Jesús.

Actividad final

Cuando estés próximo a terminar la lección, dales a los niños tiempo para completar por sí mismos la actividad. Si quisieras hacer más activa esta lección, imprime cada uno de los mandamientos en una hoja de papel aparte, barájalos y pídeles a los niños que los pongan en orden. Puedes organizar una competencia dividiendo a los niños en equipos que competirán entre sí para ver quiénes terminan primero.

A continuación aparecen las respuestas a la actividad.

8 No mentirás.

7 No robarás.

2 No usarás el nombre de Dios de forma incorrecta o mala.

3 Santificarás el domingo.

6 Serás leal a tu cónyuge.

9 No envidiarás lo que otro posea.

10 No envidiarás a otro los miembros de su familia.

4 Obedecerás a tu padre y tu madre.

1 Sin dudarlo ni un instante, ama a Dios más que cualquier otra cosa o persona.

5 No matarás.

Los Mandamientos, en orden

Pon los Mandamientos en orden escribiendo un número del 1 al 10 en la rayita que hay antes de cada uno.

_______ No mentirás.

_______ No robarás.

_______ No usarás el nombre de Dios de forma incorrecta o mala.

_______ Santificarás el domingo.

_______ Serás leal a tu cónyuge.

_______ No envidiarás lo que otro posea.

_______ No envidiarás a otro los miembros de su familia.

_______ Obedecerás a tu padre y tu madre.

_______ Ama a Dios más que cualquier otra cosa o persona.

_______ No matarás.

Resumen

- Jesús es nuestro ejemplo de cómo llevar una vida moral.
- Debemos reflexionar sobre nuestras decisiones.
- Tenemos que formar nuestra conciencia.

Jornada de Fe para Niños, Catecumenado, C13 (827020)

Imprimi Potest: Stephen T. Rehrauer, CSsR, Provincial de la Provincia de Denver.

Imprimatur: "Conforme al *CIC* 827, el 13 de julio de 2017, el reverendo Mark S. Rivituso, obispo auxiliar de la archidiócesis de St. Louis, concedió el permiso de publicación. El Imprimátur es un permiso para la publicación que indica que la obra no contiene contradicciones con las enseñanzas de la Iglesia Católica, sin embargo no implica la aprobación de las opiniones que se expresan en ella. Con este permiso no se asume ninguna responsabilidad".

Jornada de Fe © 2000, 2017 Liguori Publications, Liguori, MO 63057. Para hacer pedidos, visite *Liguori.org* o llame al 800-325-9521. Liguori Publications, corporación no lucrativa, es un apostolado de los Redentoristas. Para saber más acerca de los Redentoristas visite "Redemptorists.com".

Edición del 2017: Theresa Nienaber-Panuski and Pat Fosarelli, MD, DMin.

Diseño y producción: Wendy Barnes, John Krus, Lorena Mitre Jimenez, Bill Townsend. Ilustraciones: Jeff Albrecht.

LIBROS LIGUORI

Impreso en los Estados Unidos de América. 21 20 19 18 17 / 5 4 3 2 1. Tercera edición.

Oración final

Atenúa las luces y haz que los niños adopten posiciones cómodas. Mantén la vela encendida. Pon una grabación de "Restless" como oración final.

Tarea

Anima a los niños a elaborar una lista de cómo ellos y sus familias pueden vivir los diez mandamientos en casa. Pueden decorar esta lista de la forma que deseen y colocarla en el refrigerador en cualquier otra parte en la que todos puedan verla.

C14: Cuidar de todas las criaturas de Dios

Catecismo: 1807, 2401–49

Objetivos

- Reconocer que la dignidad es universal y es común a todas las personas.
- Descubrir que todos los católicos están llamados a respetar toda vida.
- Descubrir cómo desarrollan los católicos su trabajo en apoyo a la dignidad, la justicia y los derechos humanos.

Meditación del maestro

Lucas 10:25–37

Agradece a Dios por las personas que en tu vida han sido contigo como el Buen Samaritano. Piensa en formas simples y cotidianas en la que puedes ser un buen samaritano para con los demás.

Preparación del maestro

- Lee la lección, este plan de clase, el pasaje de las Escrituras y las secciones del *Catecismo*.
- Familiarízate con los sucesos mundiales o nacionales cuyo interés se centra en cuestiones de justicia económica o social; utilízalos como ejemplos (de manera apropiada para la edad de los niños de tu grupo).
- Familiarízate con el vocabulario de esta lección: prejuicioso. Las definiciones aparecen en el glosario de esta guía.

Bienvenida

Saluda a los niños según vayan llegando. Comprueba si dispones de los materiales y artículos diversos que pudieras necesitar. Pide que hagan cualquier pregunta o comentario que tengan acerca de la sesión anterior y/o compartan con el grupo cualquier nueva información o conclusión en su poder. Comienza rápidamente.

Lectura inicial

Lucas 10:25–37

Enciende la vela y lee en voz alta. Solicita voluntarios que quieran contar al grupo de la ocasión en la que alguien dedicó tiempo a brindarle ayuda aunque no tenían que hacerlo.

> La justicia es la virtud moral que consiste en la constante y firme voluntad de dar a Dios y al prójimo lo que les es debido. .... El hombre justo, evocado con frecuencia en las Sagradas Escrituras, se distingue por la rectitud habitual de sus pensamientos y de su conducta con el prójimo.
>
> CCC 1807

Jornada de Fe

C14 CATECUMENADO

Cuidar de todas las criaturas de Dios

"¿Qué te pasa?" Tomás estaba preocupado por Lisa. Ella había estado muy callada durante toda la clase y parecía disgustada.

"Tenemos unos vecinos nuevos. Son muy agradables pero no hablan muy bien el inglés porque son de otro país. Esta mañana alguien les puso en el césped un letrero que decía "Go home". ¡Eso no es justo! Yo quiero ayudarlos pero no sé cómo hacerlo. ¿Qué debo hacer?"

NIÑOS

CIC 1807, 2401–49

Cuidar de todas las criaturas de Dios

Dales tiempo a los niños para que respondan individualmente a las preguntas de reflexión y después elaboren ambas respuestas de forma conjunta entre todos. Haz hincapié en la importancia de actuar como Jesús, pero también en la importancia de reaccionar en todas las situaciones en forma tal que resulte segura para los niños. Hay acciones que es mejor dejárselas a los adultos o a las autoridades.

Fijarse en cómo son los hijos de Dios

Divide a los niños en pares o en grupos (en dependencia del tamaño de tu clase) y dales tiempo para que respondan entre todos la pregunta de reflexión. Una vez que todos han tenido la oportunidad de hablar, pide a cada uno de ellos que nos cuenta algo de lo que ha aprendido acerca de su compañero y, en dependencia del tamaño de tu clase y de tus limitaciones de tiempo, pide a los niños que roten de pareja y vuelvan a hacer lo mismo. Puedes hacerlos rotar tantas veces como desees y si hoy están presentes en la sesión espónsores y padrinos, ¡inclúyelos también a ellos en la combinación!

Prejuicio

Pon énfasis en que el prejuicio no tiene que ser solamente con relación a cosas que podemos ver u oír (como el color de la piel o si una persona tiene o no tiene un acento diferente). Puede ser también algo relacionado con cuánto dinero tiene la familia de alguien, dónde vive esa familia y qué clase de trabajo tienen sus padres.

Respondan la pregunta de reflexión entre todos. Enfatiza que cuando se habla de inclusión, eso no se limita solamente a dejar que otras personas hagan lo mismo que hacer tú, sino significa dejar que las personas participen activamente en tus grupos y actividades.

¿Qué crees tú que Lisa deba hacer?

¿Qué crees tú que Jesús le pudiera decir a Lisa que hiciera?

Miremos a cómo son los hijos de Dios

Echa ahora mismo una mirada a tu alrededor. ¿Todos los que ves tienen el mismo aspecto que tú? ¿A todos les gustan las mismas cosas? ¿Todos vienen de la misma familia?

Sin embargo, tampoco son ustedes totalmente diferentes. Todos tienen amigos. Todos tienen familias. Todos necesitan comida y un techo para sobrevivir. Todos ustedes fueron creados por Dios.

Todos tenemos cosas que nos hacen iguales y cosas en las que somos diferentes. Todos somos parte de esa obra que "está muy bien" (Génesis 1:31) ante los ojos de Dios. Dios nos creó para ser parte de una comunidad y ser también seres individuales.

Habla con el niño o la niña que está a tu lado. ¿Qué tienen ustedes en común? ¿Qué los hace diferentes? Menciona aquí algunas de esas cosas.

____

____

____

____

Prejuicio

Dios hizo de cada uno de nosotros un ser especial. Todos tenemos cosas que nos hacen diferentes pero hay personas que piensan que hay cosas que hacen que algunas personas sean mejores que otras. A ellos solo les agradan las personas que tienen su mismo color de piel, hablan su mismo idioma o tienen los mismos gustos que ellos. Cuando una persona piensa de esa manera, decimos que sus pensamientos son **prejuiciosos**.

El prejuicio causa mucho sufrimiento e infelicidad. Imagínate que vas a una escuela y te sientas con tus mejores amigos y entonces llega alguien y te dice que no puedes seguir jugando con ellos porque tú tienes ojos azules y los de ellos son de color café. Entonces descubres que a las personas con ojos azules no se les permite comer hasta que todos los que tienen ojos marrones hayan terminado de comer. Además, te dicen que tienes que jugar en el patio de recreo viejo porque el nuevo es para los de ojos cafe.

Si eso sucediera, seguro que te sentirías dolido. Es probable que también te sintieras enojado.

¿Cuáles son algunas de las cosas que tú puedes hacer para que todos se sientan incluidos en tu escuela? ¿Y en tu vecindario?

Compartir lo que tenemos

Una forma en que somos diferentes de otras personas es por las cosas que tenemos. Puede ser que tengamos un amigo o amiga que tiene la ropa y los juguetes más de moda. Puede ser que también tengamos otro amigo que siempre va de vacaciones a alguna parte. Pero puede ser que tengamos un tercer amigo que siempre use ropa que alguien utilizó antes.

Puede que a veces sintamos que tener cosas o tener suficiente dinero para conseguir más cosas sea lo más importante de nuestras vidas. Tener lo que necesitamos es importante. Todos necesitamos ropas. Todos necesitamos comida y techo. Incluso está bien que nos gusten algunas de esas cosas especiales que poseemos. Sin embargo, cuando nos interesamos más por nuestras cosas que por los demás, no estamos viviendo a la manera de Jesús.

Amar a las cosas más que a las personas es algo que lastima a Dios y a los demás. Dios nos pide que nos preocupemos por los pobres. Debemos compartir lo que tenemos, dar los juguetes y las ropas que ya nos quedan chicas y poner siempre a las personas por delante de las cosas. A Dios no le interesa si nuestros equipos electrónicos no son de último modelo ni si nuestros zapatos son nuevecitos. Dios nos ama por lo que somos. También nosotros debemos amar a las otras personas por lo que son y no por lo que poseen.

¿Cuáles son algunas de las maneras en que puedes compartir con otros lo que tienes?

El mundo de Dios está en nuestras manos

Las personas son lo más importante de la creación de Dios, ¡pero también tenemos que cuidar el resto del mundo de Dios! Dios hizo el mundo especialmente para nosotros. Eso significa que cuidarlo es responsabilidad nuestra.

Inmediatamente después de crear el mundo, Dios le dio a Adán la tarea de nombrar los animales y cuidar el jardín. Toda semilla que plantamos, todo árbol que regamos con agua es un regalo que le hacemos a Dios por todos los que nos ha hecho. Cada pájaro que alimentamos, cada mascota que cuidamos, cada animal que protegemos, es a la vez un regalo que Dios nos hace y un signo de nuestro amor y fidelidad a Dios.

Enumera tres regalos de la creación de Dios que hacen mejor tu vida

1. ______________________________

2. ______________________________

3. ______________________________

Enumera tres cosas que tú puedes hacer para cuidar de las criaturas de Dios y del medioambiente

1. ______________________________

2. ______________________________

3. ______________________________

CATECUMENADO

JORNADA DE FE

Compartir lo que tenemos

Respondan entre todos la pregunta de reflexión. Si tu parroquia tiene algún modo específico de ayudar a los fieles necesitados o a otras personas del entorno (como una tienda de artículos de segunda mano, tanques recolectores de ropa usada o campañas de recogida de alimentos enlataos), señálalo. Si tienen cajas o tanques colectores instalados en los terrenos de la parroquia, lleva a los niños a ver dónde se encuentra todo.

El mundo de Dios está en nuestras manos

Da a los niños tiempo para que contesten las preguntas de reflexión individualmente o en parejas. Circula entonces por el salón y pide a cada niño (o pareja) que entregue una de las cosas que aparecen en cada lista y con las ideas recogidas hagan entre todos una lista mayor. Si haces esa lista en cartulina o cartoncillo, pide a los niños que te ayuden a decorarlas y cuélgala en algún lugar del campus de la parroquia donde esté a la vista de los fieles.

Actividad final

Al aproximarse el fin de la lección, concede tiempo a los niños para que terminen, individualmente o en un grupo pequeño, la actividad. Circula entre ellos mientras trabajan, ratifica las respuestas correctas y aclara cualquier confusión que haya. Las respuestas serán diversas pero te damos un ejemplo que ayudará a los niños a empezar a trabajar.

AMAR LA CREACIÓN DE DIOS

En la primera columna, enumera cinco formas en las que las personas lastiman a otras o a la creación de Dios. En la segunda columna, enumera las formas en que se puede reaccionar ante esa situación. Ya hemos hecho una para ti.

Pecado/Daño	Reacción
No permitir que alguien esté en tu equipo porque él o ella no tiene el equipamiento adecuado.	En lugar de dejarle fuera, todos los demás integrantes del equipo pudieran turnarse para prestar su equipamiento para que todos puedan jugar.
1.	
2.	
3.	

Resumen

- La dignidad de la vida humana es universal.
- Los cristianos estamos llamados a proteger la vida humana y respetar la creación de Dios.
- Los cristianos estamos llamados a dar nuestro apoyo a la dignidad, la justicia y los derechos de todas las personas.

Jornada de Fe para Niños, Catecumenado, C14 (827020)

Imprimi Potest: Stephen T. Rehrauer, CSsR, Provincial de la Provincia de Denver.

Imprimatur: "Conforme al *CIC* 827, el 13 de julio de 2017, el reverendo Mark S. Rivituso, obispo auxiliar de la archidiócesis de St. Louis, concedió el permiso de publicación. El Imprimátur es un permiso para la publicación que indica que la obra no contiene contradicciones con las enseñanzas de la Iglesia Católica, sin embargo no implica la aprobación de las opiniones que se expresan en ella. Con este permiso no se asume ninguna responsabilidad".

Jornada de Fe © 2000, 2017 Liguori Publications, Liguori, MO 63057. Para hacer pedidos, visite *Liguori.org* o llame al 800-325-9521. Liguori Publications, corporación no lucrativa, es un apostolado de los Redentoristas. Para saber más acerca de los Redentoristas visite "Redemptorists.com".

Edición del 2017: Theresa Nienaber-Panuski and Pat Fosarelli, MD, DMin.

Diseño y producción: Wendy Barnes, John Krus, Lorena Mitre Jimenez, Bill Townsend. Ilustraciones: Jeff Albrecht.

LIBROS LIGUORI

Impreso en los Estados Unidos de América. 21 20 19 18 17 / 5 4 3 2 1. Tercera edición.

Oración final

Solicita un voluntario que lea Mateo 5:43–48 como oración final. En ella Jesús pide que tratemos a todos el mundo, incluso a nuestros enemigos, con justicia.

Concluyan rezando juntos el Padrenuestro.

Tarea

Di a los niños que, con su familia, hagan una lista de al menos tres formas en las que, a veces, sus miembros pueden lastimarse unos a otros, y que después mencionen diferentes maneras en que pudieran actuar con amor en lugar de producirse dolor.

C15: Decir siempre sí a la vida

Catecismo: 1807, 2401–49

Objetivos

- Comenzar a identificar algunas cuestiones de la vida moderna que amenazan la vida humana y por qué constituyen ese riesgo.
- Emprender la tarea de definir qué es un mal moral intrínseco y enumerar algunas acciones que caen esa esa categoría.
- Descubrir cómo los católicos pueden defender la vida y, de hecho, la defienden.

Meditación del maestro

Génesis 1:24–31

En este pasaje, autores antiguos se refieren a Dios como el autor de la toda forma de vida. Ellos proclaman que todo lo hecho por Dios es sagrado, bello y bueno. Reflexiona sobre el poder —y la responsabilidad— inherente a este mensaje.

Preparación del maestro

- Lee la lección, este plan de clase, el pasaje de las Escrituras y las secciones del *Catecismo*. Debido al carácter de los temas tratados en esta lección, deberás revisarlos de forma muy especial, con mucha atención. Tú conoces la edad y el grado de madurez de los niños de tu grupo mejor que nadie y podrás decidir si se necesita dar más explicaciones o menos detalles. Usa tu criterio informado para presentar los temas de la lección a los niños que tienes hoy a tu cuidado. (Puedes incluso valorar si enviar a los padres una nota explicándoles qué será lo tratado en esta lección.)
- Haz copias de la oración final para entregar un ejemplar a cada niño.
- Si en tu parroquia hay un grupo provida, pídele a un vocero o vocera del mismo que venga a hablarle a tu grupo (lo mejor es que sea alguien acostumbrado a hablarles a los niños).
- Familiarízate con el vocabulario de esta lección: aborto, eutanasia, pena capital, pobreza. Las definiciones aparecen en el glosario de esta guía.

Bienvenida

Saluda a los niños según vayan llegando. Comprueba si dispones de los materiales y artículos diversos que pudieras necesitar. Pide que hagan cualquier pregunta o comentario que tengan acerca de la sesión anterior y/o compartan con el grupo cualquier nueva información o conclusión en su poder. Comienza rápidamente.

Lectura inicial

Génesis 1:24–31

Enciende la vela y lee en voz alta. Pregunta a los niños qué nos dice esta lectura acerca de la creación (*Que todo ha sido creado por Dios).* Pregúntales después qué les dice Dios a los seres humanos con respecto a la tierra. (*Dios les da la tierra a Adán y Eva, pero ellos deberán cuidar y respetar todas las formas de vida).*

La vida humana ha de ser tenida como sagrada, porque desde su inicio es fruto de la acción creadora de Dios y permanece siempre en una especial relación con el Creador, su único fin. Sólo Dios es Señor de la vida desde su comienzo hasta su término.

CCC 2258

Jornada de Fe

C15 CATECUMENADO

Decir siempre sí a la vida

Terrence y Lisa oyeron decir a Tanya, sin proponérselo, que tenía un partido de volibol esa noche, después de la clase del RICA, y quisieron ir a apoyarla porque sabían que ella estaba nerviosa.

Terrence y Lisa se pararon junto a la línea de banda y saltaban y la animaban. "¡Arriba, Tanya!" Tanya estaba muy agradecida de tener tan buenos amigos y de que Dios los hubiera reunido en las clases del RICA.

NIÑOS

CCC 1807, 2401–49

La vida: el mayor de los dones

Dales a los niños tiempo para que terminen de responder individualmente la pregunta de reflexión. Circula entonces por entre ellos y pide a cada niño que le diga al grupo una de las cosas que puso en su lista.

El cuidado del regalo que Dios nos ha dado

Antes de comenzar esta lección, pregunta a los niños cómo suelen tratar los regalos recibidos que realmente les encantan. Lo normal es que uno cuide los regalos recibidos, especialmente cuando se trata de algo que nos gusta de verdad. Pon énfasis en que Dios nos dio el don de la vida pero que la gente no siempre la trata como el regalo que es.

Después de analizar esta sección, dales tiempo a los niños para que respondan la pregunta de reflexión por sí mismos. Pide voluntarios que quieran dar a conocer sus respuestas al grupo.

El aborto

Si puedes convocar a un vocero o vocera del grupo provida de tu parroquia, asígnale tiempo para que les hable a los niños acerca de lo que hacen y cómo ayudan a defender la vida. Pudieras animarle a que traiga al grupo una tarjeta con una oración provida para rezarla todos juntos.

JORNADA DE FE **CATECUMENADO**

La vida: el mayor de los dones

Dios nos ha hecho muchos presentes. Todos los días, en cuanto nos despertamos, podemos comenzar a contar los regalos que recibimos de Dios.

Menciona tres regalos que Dios te hizo hoy.

1. ______________________________

2. ______________________________

3. ______________________________

Cuando Dios hizo el mundo, el creó a las personas a su imagen y ofreció a todos la vida eterna. ¡Eso hace de la vida humana algo muy especial!

El cuidado del regalo que Dios nos ha dado

Cuando alguien nos da un regalo, nosotros ni lo rompemos ni lo destruimos. Lo cuidamos. Lo disfrutamos. Lo agradecemos. Dios nos da el regalo de la vida. Tenemos que ser responsables y cuidarla con esmero.

Sin embargo, nosotros no nos limitamos a cuidar solo de nuestra vida. Dios nos llama a que también cuidemos a los demás. Cuando la vida de la gente está en peligro o cuando la gente no recibe el cuidado que debiera recibir, nosotros —y todo el pueblo de Dios- tenemos que ayudar.

¿Cuáles son algunas de las cosas que puedes hacer para ayudar a otras personas?

El aborto

Las vidas de algunos niños están en peligro aun antes de que nazcan. Cuando una madre decide ir a un médico que acabe con la vida de su bebé, eso es lo que se llama un **aborto.**

No todo el mundo se alegra cuando se entera de que un nuevo bebé viene en camino. Algunas personas se enojan mucho. Algunas se asustan mucho. Nosotros debemos cuidar tanto del nuevo bebé como de la madre del bebé. Es por eso que la Iglesia ayuda a las madres que no quieren ser madres.

¿Hay un grupo provida en tu parroquia? ¿Qué hacen sus miembros para ayudar a las madres y sus bebés?

La eutanasia

En ocasiones, hay gente que quiere poner fin a la vida de alguien porque esa persona es muy vieja o está muy enferma. Hasta puede suceder que una persona quiera poner fin a su propia vida porque está muy vieja o enferma y no quiere sufrir. Poner fin a una vida porque alguien no quiere vivir con una enfermedad o sufrimiento se llama **eutanasia**.

Las personas que escogen la eutanasia piensan que están haciendo una buena selección. Piensan que están demasiado viejos o enfermos para mejorar en algún momento, y no quieren seguir sufriendo. O sus familiares no quieren seguir viéndolos sufrir.

Sin embargo, nunca es ni correcto ni bueno adelantar una muerte. Todos los seres humanos tenemos dignidad, y como parte de esa dignidad todos merecemos vivir hasta que sobrevenga la

La eutanasia

Al discutir esta sección, mantente centrado en que Dios ha hecho que cada vida creada sea algo bueno y tenga un propósito. Trata de mantenerte centrado en por qué es importante que respetemos la vida en todas sus etapas en lugar de los aspectos específicos y políticos que rodean el tema de la eutanasia.

Puedes incluso decidir abordar con ellos las historias de santos que escogieron la vida aun estando muy enfermos o sufriendo mucho dolor, o de santos que ayudaron a otros a optar por la vida. Entre los santos que pudiesen ser abordados se incluyen: Gianna Beretta Molla, Margarota de Castello, madre Teresa de Calcuta, y Alfonso Liguori.

muerte natural. Solo Dios sabe bien cuándo una vida ha llegado a su final. Tenemos que confiar en que Dios cuida de nosotros y de nuestra familia aún en los momentos en que alguien está sufriendo dolores.

La pena capital

Cuando alguien hace daño a una persona que amamos, puede que deseemos cobrársela o que deseemos que se corrija el daño. Algunas personas piensan que es un acto de justicia castigar a quienes dañen o asesinen a otras personas con la **pena capital**. "Capital" significa que el delito fue tan grave que la persona que lo cometió puede ser condenada a morir. La Iglesia nos enseña que la sociedad tiene derecho a defenderse pero, si existen formas de que estemos seguros sin que haya derramamiento de sangre, la Iglesia nos dice que esos los medios a los que debemos aspirar.

Dios nos prohíbe matar y nos ordena, por el contrario, perdonarnos los unos a los otros —incluso muchas veces (Mateo 18:21–22). La Iglesia enseña eso porque Dios es quien da la vida y solo Dios puede quitarla. Puede resultar muy difícil ver algo de bueno en alguien que ha hecho cosas muy malas y ha dañado a otras personas. La Iglesia nos recuerda que cada persona ha sido creada a imagen de Dios, incluso las personas que han hecho cosas malas. El Papa Francisco nos enseña que nunca debemos matar a una persona porque les negaríamos la opción de redimirse. La Iglesia nos recuerda que tenemos que ser ejemplo de cuánto amó y cómo vivió Jesús en el mundo.

La pobreza y el hambre

Hay en el mundo mucha gente que no tiene suficiente de comer y beber. Algunos niños se acuestan hambrientos todas las noches. Es difícil amar la vida y estarle agradecido cuando no se tiene lo suficiente. El no poder comprar las cosas que se necesitan para vivir se llama **pobreza**. La iglesia nos recuerda compartir lo que tenemos con los menos afortunados, incluyendo migrantes y inmigrantes.

Menciona tres cosas que tienes y por las que estás agradecido.

1. ______________________________
2. ______________________________
3. ______________________________

Menciona tres cosas de las que pudieras desprenderte para ayudar a otra persona.

1. ______________________________
2. ______________________________
3. ______________________________

La guerra

Es difícil que la gente esté siempre de acuerdo. Hasta las familias discuten por cosas sin importancia. Cuando los desacuerdos hacen difíciles la convivencia, la vida deja de ser pacífica y feliz. Cuando los países, gobiernos u otros grupos pelean entre sí, ello pudiera conducir a una guerra.

Muchas personas resultan lesionadas o muertas durante la guerra. Incluso personas que no querían ir a la guerra. El uso de las armas y la violencia son un medio terrible para resolver los problemas. También es un modo terrible de tratar ese don de Dios que es la vida humana. A veces la guerra pudiera resultar necesaria, pero solo en los casos en que sea la única manera de impedir que la gente sufra daños o muera. La Iglesia nos llama a hallar otros medios para tratar de resolver los conflictos antes de que estalle una guerra.

Enumera tres cosas que tú puedes hacer para mantener la paz en tu familia, tu escuela o tu barrio.

1. ______________________________
2. ______________________________
3. ______________________________

La pobreza y el hambre

Dales a los niños tiempo para responder la pregunta de reflexión de forma individual o en parejas. Pide voluntarios dispuestos a dar a conocer una cosa de cada lista.

La guerra

Al discutir esta cuestión, haz más bien hincapié en el cultivo de la paz que en la naturaleza política o violenta de las guerras.

Respondan entre todos la pregunta de reflexión. Trata de mencionar tantas formas como te resulte posible, no tienes que limitarte a tres.

La pena capital

Al analizar la pena capital, puede que quieras discutir con los niños la diferencia entre justicia y venganza.

La justicia es una virtud que toma en cuenta lo que es moralmente correcto, y una decisión justa tiene en cuenta las circunstancias, las reparaciones y el perdón. Vengarse es actuar motivado por el dolor y la rabia que induce a "cobrárselas" sin tener en cuenta cuál pudiera ser la respuesta justa.

También puede discutir la diferencia entre la enseñanza de la Iglesia y las leyes, y cómo debemos trabajar para cambiar las leyes si la Iglesia enseña que son injustas.

Tenga en cuenta que el Papa Francisco cambió el número 2267 del *Catecismo de la Iglesia Católica* el 2 de agosto de 2018, enseñando, "[L]a dignidad de la persona no se pierde ni siquiera después de haber cometido crímenes muy graves.... [S]e han implementado sistemas de detención más eficaces, que garantizan la necesaria defensa de los ciudadanos, pero que, al mismo tiempo, no le quitan al reo la posibilidad de redimirse definitivamente. Por tanto la Iglesia enseña, a la luz del Evangelio, que 'la pena de muerte es inadmisible, porque atenta contra la inviolabilidad y la dignidad de la persona,' y se compromete con determinación a su abolición en todo el mundo".

Actividad final

Cuando estés al final de la lección, dales tiempo a los niños para que completen la actividad en pequeños grupos. Circula entre ellos mientras trabajan, ratifica las respuestas correctas y aclara cualquier confusión que haya. Habrá respuestas diferentes, se te ha proporcionado un ejemplo para una de las categorías.

Aborto

1. Organizar (o contribuir a) una colecta de artículos para bebés para hacer entrega de una canastilla a una a una madre pobre y así ayudarle.
2. Brindarse para cuidar a un hermano o hermana menor u ofrecerse a prestarle los juguetes.

¿CÓMO PUEDO YO HONRAR LA VIDA?

Para cada una de los males que se mencionan a continuación, menciona dos cosas que tú pudieras hacer para, por el contrario, honrar la vida.

Eutanasia

1. ______________________
2. ______________________

Aborto

1. ______________________
2. ______________________

Pobreza y hambre

1. ______________________
2. ______________________

Pena capital

1. ______________________
2. ______________________

Guerra

1. ______________________
2. ______________________

Resumen

- El porqué algunos problemas modernos son una amenaza para la vida humana.
- El porqué algunas acciones son malignas.
- Modos en que los católicos de ienden la vida.

Jornada de Fe para Niños, Catecumenado, C15 (827020)

Imprimi Potest: Stephen T. Rehrauer, CSsR, Provincial de la Provincia de Denver.

Imprimatur: "Conforme al *CIC* 827, el 13 de julio de 2017, el reverendo Mark S. Rivituso, obispo auxiliar de la archidiócesis de St. Louis, concedió el permiso de publicación. El Imprimátur es un permiso para la publicación que indica que la obra no contiene contradicciones con las enseñanzas de la Iglesia Católica, sin embargo no implica la aprobación de las opiniones que se expresan en ella. Con este permiso no se asume ninguna responsabilidad".

Edición del 2017: Theresa Nienaber-Panuski and Pat Fosarelli, MD, DMin.

Diseño y producción: Wendy Barnes, John Krus, Lorena Mitre Jimenez, Bill Townsend. Ilustraciones: Jeff Albrecht.

Impreso en los Estados Unidos de América. 21 20 19 18 17 / 5 4 3 2 1. Tercera edición.

Oración final

Ofrece la oración final de hoy especialmente a los enfermos, los moribundos y los no nacidos. Agradece a Dios el don de la vida. Concluye con esta adaptación de la oración provida del obispo Rober Baker. Di a los niños que repitan tras de ti.

Señor Dios,
Tú eres el Protector y Defensor de las vidas
de los inocentes no nacidos.
Cambia los corazones de aquellos que sienten
que no pueden proteger la vida
o de quienes no ven
el valor que tiene toda vida.
Ayúdanos a construir una comunidad
que valore la vida, la libertad
y la búsqueda de la felicidad para todos.
Amén.

Tarea

Haz copias de la oración final de hoy para que los niños la lleven a casa. Anímales a dirigir, al menos una vez durante esta semana, el rezo en sus familias de esta oración por los no nacidos, los enfermos y los moribundos.

C16: Cuidar de la comunidad de Dios

Catecismo: 1928–42

Objetivos

- Comenzar a descubrir los fundamentos de la doctrina de la Iglesia sobre la justicia social.
- Enumerar los siete temas que constituyen la doctrina social católica.
- Reconocer cómo los cristianos se erigen en defensores de los pobres y vulnerables.

Meditación del maestro

Lucas 16:19–31

¿Cuándo te has sentido como Lázaro y quién cuidó de ti? ¿Cómo puedes responder ante aquellos que, en el mundo en el que vives, están como Lázaro?

Preparación del maestro

- Lee la lección, este plan de clase, el pasaje de la Escritura y las secciones del *Catecismo*.

Bienvenida

Saluda a los niños según vayan llegando. Comprueba si dispones de los materiales y artículos diversos que pudieras necesitar. Pide que hagan cualquier pregunta o comentario que tengan acerca de la sesión anterior y/o compartan con el grupo cualquier nueva información o conclusión en su poder. Comienza rápidamente.

Lectura inicial

Lucas 16:19–31

Enciende la vela y lee en voz alta. Pregunta a los niños por qué consideran que el hombre rico ignoró a Lázaro y qué habría él podido hacer por Lázaro cuando este estaba con vida.

> La Iglesia expresa un juicio moral, en materia económica y social, "cuando lo exigen los derechos fundamentales de la persona o la salvación de las almas".
>
> CCC 2420

C16 CATECUMENADO

Cuidar de la comunidad de Dios

"Entiendo que no está bien que uno trate mal a la gente", dijo Tanya, "pero ¿cómo se puede hacer daño o ayudar a personas que uno nunca ha visto?"

"Jesús contó una historia sobre eso", contestó la señora Evans. "Se puede ayudar a todos, incluso a la gente que uno no conoce, si llevas una vida como se debe".

NIÑOS

CIC 1928–42

Cuidar de la comunidad de Dios

Analicen entre todos la pregunta de reflexión.

Las respuestas variarán en dependencia de las características de tu grupo, pero algunas de las posibles respuestas incluyen: donar ropas o comidas aunque no conozcas a las personas que se beneficiarán de ellas, rezar con frecuencia por todos los necesitados, no ser derrochadores, tratar a todos con amabilidad y respeto, y cosas por el estilo.

Lázaro y el hombre rico

Pide a los niños que respondan la pregunta de reflexión con un compañero o compañera, o en un grupo pequeño. Pide después a cada grupo que exponga su respuesta. Aclara cualquier malentendido o confusión que haya. Pon énfasis en que esta parábola está destinada a destacar la importancia de cuidar de todos porque somos una misma familia en Cristo. El rico no fue castigado porque Dios sea vengativo y quisiera hacerlo sufrir, sino porque él decidió, una y mil veces, rechazar a Dios y a sus leyes.

Dios nos pide que nos ocupemos de los demás

Al analizar las tres maneras en que los niños pueden ayudar en la atención que Dios pide que le demos a los demás, trata de presentarles formas concretas de cómo hacer estas cosas en su comunidad, con los ministerios parroquiales o en la escuela. Si a los niños se les exige que hagan trabajo comunitario antes de su confirmación, este es un momento formidable para recordarles, o sugerirles, algunas de las formas en que pueden servir.

¿Qué piensas que quiso decir la señora Evans?

Lázaro y el hombre rico

Había una vez un hombre rico que vestía ropas caras y disfrutaba, todos los días, las mejores comidas. Un pordiosero llamado Lázaro fue a casa del hombre rico. Lázaro estaba tan hambriento que se hubiera comido las migajas que cayeran de la mesa del hombre rico y se hubiera sentido feliz. Pero el cuerpo de Lázaro estaba lleno de llagas y no era el tipo de persona que al hombre rico que le gustaba recibir, así que el rico lo ignoró.

Cuando Lázaro murió, los ángeles lo llevaron al cielo a ocupar un lugar de honor junto a Abraham. Cuando el hombre rico murió, fue al infierno y sufrió terriblemente. Cuando vio a Abraham y a Lázaro, el hombre rico rogó al primero, "¡Ten piedad de mí! ¡Dile a Lázaro que me dé aunque sea una gota de agua! ¡Estoy ardiendo en este fuego!"

Abraham le contestó, "Recuerda que cuando estas vivo disponías de todas las cosas buenas y hasta de más de lo necesario. Lázaro estaba enfermo, pasando hambre y solo. Tú te negaste a ayudarlo. No hiciste caso a su dolor. Ahora él está feliz con Dios, y tú sufres".

Adaptado de Lucas 16:19–25

¿Qué lección podemos sacar de la historia de Lázaro y el hombre rico?

Dios nos pide que nos ocupemos de los demás

La Iglesia tiene presente que Jesús dijo, "El Señor me ha enviado a anunciar la libertad de los cautivos, devolver la vista a los ciegos y poner fin al sufrimiento de todos" (adaptado de Lucas 4:18).

Al igual que Jesús, la Iglesia se ocupa de los que pasan hambre, frío o dolor. Se preocupa por los que están en la cárcel o sufren abusos. Cuando los líderes de la Iglesia tienen noticia de esas injusticias, le hacen saber al mundo que eso está mal y que a nosotros nos corresponde ponerles fin.

Jesús ama de modo especial a los pobres, los necesitados y los que sufren. Mediante su ejemplo y sus enseñanzas, Jesús nos ayuda a comprender por qué tenemos que ocuparnos de ellos.

He aquí tres maneras en las que puedes ayudar:

1. Comparte lo que tienes

Al igual que lo hizo con los cinco panes y los dos peces (Mateo 14:15–20; Marcos 6:34–44; Lucas 9:12–17), Dios proporciona más que lo que es suficiente. A nosotros nos corresponde pasar a otros ese extra y asegurarnos de que nadie carezca de las cosas que necesita. Podemos compartir más que lo que tenemos. Podemos compartir lo que sabemos hablándoles a otros sobre Dios o enseñándole a alguien alguna cosa de sabemos mucho y bien. Podemos compartir la alegría de ser amables con todos.

COMPARTE

2. Ayuda a otros cuanto puedas

Cuando Jesús lavó los pies de sus apóstoles, les dijo que hicieran lo mismo que él había hecho. Sus palabras y ejemplo nos dicen que nuestra tarea como cristianos es servir a los demás. Él dijo, "El que quiera llegar a ser grande entre vosotros, será vuestro servidor, y el que quiera ser el primero entre vosotros, será vuestro esclavo" (Mateo 20:26–27). Jesús quiere que cuando sepamos de alguien que está pasando necesidades, le ayudemos.

AYUDA

3. Defiende lo que es correcto

Cada vez que Jesús veía una injusticia, se enfrentara firmemente a ella. En el Templo, expulsó a los mercaderes que se estaban enriqueciendo a costa del pueblo. Habló contra los maestros y líderes que malinterpretaban las leyes de Dios. Le habló la gente sobre los pecados que estaban cometiendo y les ayudó a vivir de forma más parecida a la de él.

DEFIENDE LO CORRECTO

El papa y los obispos siempre han denunciado las injusticias. A continuación aparecen algunas de las injusticias que estamos llamados a corregir.

La economía

Todo el mundo necesita y tiene derecho a tener alimento, ropa, vivienda, descanso, asistencia médica, educación y empleo. La Iglesia considera que cada país debe garantizar que a nadie le sean negados esos derechos. Tus padres y otros adultos pudieran votar leyes que ayuden al pueblo y, cuando tengas más edad, tú también podrás hacerlo. Pero desde ahora puedes ir haciendo cosas como compartir lo que tienes o donar parte de tu estipendio.

El derecho de las familias

La familia es el medio del que Dios se vale para garantizar que todos los niños sean amados y cuidados. La Iglesia considera que todos los países deben apoyar el derecho de la familia a crecer y vivir en paz y seguridad, a transmitir su fe y seguir a Dios.

Los derechos civiles

Todas las personas merecen recibir el mismo trato. Las leyes deben ser redactadas para lograr el bien común y han de hacerse cumplir de forma justa. Nadie deberá ser tratado de forma diferente debido a su apariencia, edad, sexo, aptitudes o religión.

¿Qué puedes tú hacer para defender a las personas que están pasando necesidades o que están siendo tratadas injustamente?

1. Comparte lo que tienes. ¿Organiza tu parroquia campañas de recogida de ropa o alimentos enlatados durante todo el año o durante etapas específicas? ¿Hay en las inmediaciones alguna organización que recoja donaciones para ayudar a los necesitados? ¿Tiene tu parroquia una guardería o escuela elemental a la cual los niños pudieran donar juguetes, ya usados pero en buen estado, que pudieran servir para niños más pequeños que ellos?

2. Ayuda a otros cuanto puedas. ¿Tienen los niños hermanos más pequeños a los que pudieran ayudar? ¿Pudieran ellos brindarse para realizar tareas adicionales cuando el resto de la familia superocupada? ¿Hay en la parroquia personas mayores a las que pudieran ayudar arreglándoles el patio? ¿Hay alguna residencia para ancianos que acepte voluntarios para hacer tarjetas, preparar espectáculos en los días feriados o para, simplemente, pasar un tiempo haciendo compañía a los residentes? ¿Pudieran reunir tarjetas y paquetes con regalos útiles para obsequiarlos a soldados estacionados lejos de sus hogares?

3. Defiende lo que es correcto. ¿Puede presentarse a los niños la oportunidad de evitar el chismorreo? ¿de defender a un compañero de colegio víctima de las burlas o del *bullying*? ¿Pueden los niños decidir no meterse en peleas *online* y no participar en *cyberbullying*? ¿Hay en tu parroquia un grupo de jóvenes de *junior high school* o un grupo de jóvenes provida?

Derechos civiles

Divide a los niños en parejas o pequeños grupos y ponlos a contestar la última pregunta de reflexión. Anímales dar al menos tres respuestas diferentes, una para cada uno de los temas que se discutieron; economía, vida familiar y derechos civiles.

Cuando los niños terminen, cada grupo expondrá sus respuestas ante la clase por medio de un vocero.

Actividad final

Poco antes de concluir la sesión, concede tiempo a los niños para que completen la actividad final de modo individual. Si quieres plantearles un desafío mayor, una vez que terminen de enlazar la acción al tipo de ayuda que ella representa, pídeles que escriban 1 o 2 respuestas acerca de por qué dicha acción cae en esa categoría. A continuación aparecen las respuestas a la actividad.

Tu mejor amigo o amiga tiene grandes deseos de formar parte de la representación teatral de la escuela. Después de clases, tú dedicas un tiempo para ayudarle a practicar. Ayudar a otros

Tus amigos están hablando de mentirles a sus padres y meterse en un cine, y quieren que vayas con ellos. Tú dices que no. Defender lo que es correcto

Esta semana hiciste un montón de labores extras ¡y tu papá te dio dinero por encima de tu estipendio! Tú quieres gastarlo todo pero, en lugar de hacer eso, depositas parte del dinero en el cesto de la colecta de la iglesia. Compartir lo que se tiene

Sabes que tu mamá está muy atareada, así que, después de la cena, friegas los platos sin que te lo pidan. Ayudar a otros

Accidentalmente escuchas a alguien diciendo algo malo y falso sobre otra persona. Le dices a él o ella que eso no es correcto y que debería difundir rumores. Defender lo que es correcto

Te das cuenta de que un estudiante de tu clase nunca trae nada para la comida del mediodía. Decides traer un segundo *sandwich* para dárselo. Compartir lo que se tiene

¿Cómo podemos ayudar?

Enlaza la acción con la forma de ayuda que le corresponde.

Tu mejor amigo o amiga tiene grandes deseos de formar parte de la representación teatral de la escuela. Después de clases, tú dedicas un tiempo para ayudarle a practicar.	Compartir lo que se tiene
Tus amigos están hablando de mentirles a sus padres y meterse en un cine, y quieren que vayas con ellos. Tú dices que no.	
Esta semana hiciste un montón de labores extras ¡y tu papá te dio dinero por encima de tu estipendio! Tú quieres gastarlo todo pero, en lugar de hacer eso, depositas parte del dinero en el cesto de la colecta de la iglesia.	Defender lo que es correcto
Sabes que tu mamá está muy atareada, así que, después de la cena, friegas los platos sin que te lo pidan.	
Accidentalmente escuchas a alguien diciendo algo malo y falso sobre otra persona. Le dices a él o ella que eso no es correcto y que debería difundir rumores.	Ayudar a otros
Te das cuenta de que un estudiante de tu clase nunca trae nada para la comida del mediodía. Decides traer un segundo sandwich para dárselo.	

Resumen

- Los fundamentos de la doctrina de la Iglesia sobre la justicia social.
- Los siete temas tratados por la doctrina social católica.
- La forma en que los cristianos defienden a los pobres y las personas vulnerables.

Jornada de Fe para Niños, Catecumenado, C16 (827020)

Imprimi Potest: Stephen T. Rehrauer, CSsR, Provincial de la Provincia de Denver.

Imprimatur: "Conforme al *CIC* 827, el 13 de julio de 2017, el reverendo Mark S. Rivituso, obispo auxiliar de la archidiócesis de St. Louis, concedió el permiso de publicación. El Imprimátur es un permiso para la publicación que indica que la obra no contiene contradicciones con las enseñanzas de la Iglesia Católica, sin embargo no implica la aprobación de las opiniones que se expresan en ella. Con este permiso no se asume ninguna responsabilidad".

Jornada de Fe © 2000, 2017 Liguori Publications, Liguori, MO 63057. Para hacer pedidos, visite *Liguori.org* o llame al 800-325-9521. Liguori Publications, corporación no lucrativa, es un apostolado de los Redentoristas. Para saber más acerca de los Redentoristas visite "Redemptorists.com".

Edición del 2017: Theresa Nienaber-Panuski and Pat Fosarelli, MD, DMin.

Diseño y producción: Wendy Barnes, John Krus, Lorena Mitre Jimenez, Bill Townsend. Ilustraciones: Jeff Albrecht.

Impreso en los Estados Unidos de América. 21 20 19 18 17 / 5 4 3 2 1. Tercera edición.

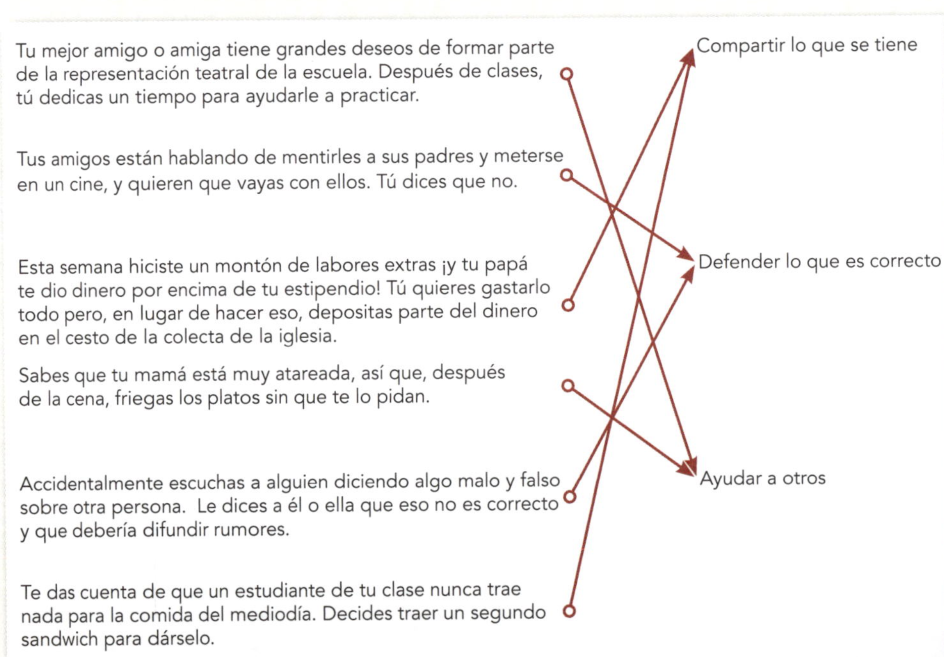

Oración final

Lee Mateo 25:31–40, donde Jesús nos dice que cuando mostramos interés y preocupación hasta por el último de los hermanos y hermanas, estamos mostrando amor y preocupación por Él. Después de la lectura, pide que se formulen las intenciones particulares que pueda haber y concluyan la sesión rezando todos juntos un Avemaría.

Tarea

A veces es más fácil hacerse el desentendido o no mirar a los pobres que nos rodean. Pide a los participantes que, para la próxima semana, hagan un esfuerzo extra para ver realmente a las personas que les rodean, haciendo contacto visual y saludándoles al pasar junto a ellos o preguntándoles si necesitan alguna ayuda cuando les sea posible.

Jornada de Fe para Niños Glosario alfabético de Catecumenado

aborto: la destrucción intencional y deliberada de un feto humano en cualquier etapa posterior a la concepción. El aborto es un mal intrínseco tanto desde el punto de vista de la ética de la revelación divina, como de la ley natural. El derecho a la vida es considerado el más básico de todos los derechos humanos, y el derecho a la vida de los no nacidos e inocentes es inviolable.

absolución: en el sacramento de la penitencia, se trata de la fórmula, o palabras, que el sacerdote pronuncia para el perdón de los pecados. Mediante el signo de la absolución, Dios perdona al pecador, que, en la confesión, se ha mostrado arrepentido de sus pecados y ha declarado al ministro de la iglesia su deseo de enmendarse, con lo cual se completa el sacramento de la penitencia.

aceite crismal: se utiliza durante los sacramentos del bautismo, la confirmación y la ordenación de un sacerdote u obispo.

agua: se utiliza durante el sacramento del Bautismo y es un signo de que todos nuestros pecados han sido lavados por Cristo y hemos renacido en la Iglesia.

anillos de bodas: un símbolo físico usado en el sacramento del Matrimonio para simbolizar el lazo que existirá para siempre entre la pareja.

anulación: dictamen de la Iglesia de que nunca existió entre dos personas un matrimonio sacramental.

cisma: una separación o división. Cuando se refiere a la historia de la Iglesia, se trata de la separación de la Iglesia original y unificada en un cierto número de denominaciones.

clero: término utilizado para referirse al conjunto de los hombres que han sido ordenados mediante el sacramento del Orden Sagrado.

comprometerse: prometer mantenerse fiel a algo en cualquier circunstancia, o aceptar cumplir con una tarea u obligación hasta su culminación.

conciencia: "Presente en el corazón de la persona, la conciencia moral le ordena, en el momento oportuno, practicar el bien y evitar el mal. Juzga también las opciones concretas aprobando las que son buenas y denunciando las que son malas… es un juicio de la razón por el que la persona humana reconoce la calidad moral de un acto concreto que piensa hacer, está haciendo o ha hecho…Mediante el dictamen de su conciencia el hombre percibe y reconoce las prescripciones de la ley divina" (*CIC* 1777–1778).

confesionario: el lugar del templo destinado a la celebración del sacramento de la penitencia. El penitente tiene la opción de confesarse cara a cara con el sacerdote o hacerlo anónimamente detrás de una celosía.

Constantino el Grande: gobernante del Imperio Romano durante el siglo IV d.C. Fue el primer gobernante en permitir legalmente la práctica del cristianismo.

Constantinopla: hoy Estambul, Turquía. Constantinopla fue, en un tiempo, el centro de la Iglesia Ortodoxa Oriental.

Credo: resumen de las creencias de cualquier grupo, organización o iglesia. La Iglesia Católica tiene dos Credos que sus miembros rezan con regularidad: el Credo de Nicea y el Credo de los Apóstoles (ver **Credo de Nicea**).

Credo de Nicea: el Credo más utilizado en la misa dominical (ver **Credo**).

curación: en el sacramento de la Unción de los Enfermos y en el ministerio de Jesús, este es el acto de quitar una enfermedad o discapacidad física.

diácono permanente: hombre casado o soltero que es ordenado como diácono y permanece como tal de modo permanente. Para convertirse en diácono permanente, un hombre ha de (1) estar calificado, ser soltero y tener —o ser mayor de— veinticinco años de edad, o (2) estar calificado, ser casado, tener treinta y cinco años o más de edad, y contar con el consentimiento de su esposa. Una vez ordenado, un diácono permanente no podrá casarse (si era soltero) o volverse a casar (si era casado).

diácono transicional: un hombre que ha recibido la orden del diaconado al ir avanzando hacia el sacerdocio.

Diez Mandamientos: las leyes que Dios entregó a Moisés en el monte Sinaí y que fueron interpretadas por Jesucristo.

elegido: nombre dado a los catecúmenos que han pasado el rito de elección y se están preparando para celebrar su Bautismo, Confirmación y Eucaristía en la próxima Vigilia Pascual.

escrutinios: tres ritos adicionales celebrados los domingos tercero, cuarto y quinto de Cuaresma con el elegido no bautizado. El propósito de estos escrutinios es examinar nuestra vida y reflexionar acerca de los pecados propios a la luz de la misericordia y la gracia de Dios.

Eucaristía: esta palabra significa "acción de gracias". Es uno de los sacramentos de la Iglesia y es la fuente y la cumbre de todo el culto y la vida cristianos. El sacramento de la Eucaristía fue instituido por Jesús en la Última Cena y la Iglesia lo celebra hoy como re-presentación del sacrificio que, por nuestros pecados, hizo Jesús en la cruz. Durante la Eucaristía, la ofrenda del pan y el vino se convierte en el Cuerpo y la Sangre preciosos de Cristo.

eutanasia: "Un acto u omisión que de por sí y con intención causa la muerte con el fin de eliminar de esa forma el sufrimiento" (Declaración sobre la eutanasia). Este acto es considerado moralmente maligno en todos los casos, aun cuando el paciente lo solicite, puesto que es un crimen contra la vida y la dignidad de la persona humana. La eutanasia no debe ser confundida con el rechazo a los medios extremos de cuidado que el paciente puede rechazar en conciencia. Para una diferenciación más precisa entre ambas, ver *Evangelium vitae*.

Iglesia (Latina) de Occidente: la actual Iglesia Católica, cuyo centro se encuentra en la Ciudad del Vaticano, en Roma, Italia.

Iglesia Ortodoxa Oriental: una rama de la Iglesia que se separó en 1054 por desacuerdos relacionados con el papel del papa y la doctrina sobre el Espíritu Santo.

Imperio Romano: gobierno existente en tiempos de la Iglesia de los inicios. El Imperio Romano era pagano y consideró que la Iglesia inicial amenazaba su poder, así que emprendió la persecución de los cristianos.

imposición de las manos: signo de que el Espíritu Santo ha sido invitado a habitar en nosotros. Se le emplea como símbolo durante el sacramento de la Confirmación.

Libro de los Elegidos: durante el rito de Elección, quienes desean convertirse en católicos escriben sus nombres en este libro para indicar su deseo y para convertirse oficialmente en un elegido (ver **elegido**).

Martín Lutero: monje católico que, en el siglo XVI, se percató de errores que se estaban produciendo en la Iglesia. Él quería trabajar con la Iglesia para corregirlos pero, debido a actitudes tercas y malentendidos, él terminó por dejar la Iglesia y fundar la Iglesia Luterana.

misionero: persona que sale al mundo a difundir la buena nueva de la muerte y resurrección de Jesús y de su presencia en la Iglesia entre quienes, de otra forma, no se hubieran enterado de ella. Tradicionalmente los misioneros viajaban a países extranjeros, pero cualquiera que de forma activa evangelice transmitiendo la buena nueva de Jesús y su Iglesia puede ser considerado un misionero. De hecho, la Iglesia es, por su propia naturaleza, misionera.

neófito: en el contexto del RICA, quien ha sido "recientemente plantado" en la fe a través del sacramento del Bautismo; es el cristiano católico recién bautizado.

ordenación: ceremonia en la que la autoridad sacerdotal es transmitida, mediante la imposición de manos, de una generación a la siguiente. La ordenación tiene lugar durante el sacramento del Orden Sagrado y tiene tres formas: el diaconado (diáconos), el sacerdocio (sacerdotes) y el episcopado (obispos).

órdenes religiosas: grupos de hombres o mujeres que viven juntos y centran su vida en una espiritualidad o una manera de servir a Dios específicas. Algunas de las órdenes religiosas de hoy son las de los jesuitas, franciscanos, redentoristas y dominicos. Ellos enseñan en escuelas, ayudan en hospitales, predica y llevan una vida de oración.

Orden Sagrado: sacramento mediante el cual los hombres ofrecen sus vidas a Dios por medio del servicio a su Iglesia.

Padres de la Iglesia: obispos y monjes de grandes conocimientos y total fidelidad que ayudaron a los primeros cristianos a comprender su fe. Entre estos Padres de la Iglesia inicial se cuentan los santos Ignacio, Clemente, Ambrosio, Jerónimo, Basilio, Gregorio y Agustín.

pena capital: la decisión del estado de ejecutar a una persona que ha sido declarada culpable de uno o más delitos graves. La Iglesia afirma que la pena capital solo debe ser llevada a cabo en caso de absoluta necesidad, cuando resulta imposible proteger a la sociedad por ningún otro medio. Al mejorar la organización del sistema penal, los casos en los que la pena capital es la única opción se hacen más raro, si es que no "prácticamente inexistentes". (*Evangelium vitae*, 56).

penitencia: se asigna antes de la plegaria de absolución durante el sacramento de la Penitencia y la Reconciliación. Es un acto mediante el cual el penitente muestra arrepentimiento por sus pecados, y manifiesta su intención de corregir cualesquiera males hubiese ocasionado y cualquier daño que hubiese hecho a sus relaciones con los demás y con Dios.

Pentecostés: una solemnidad litúrgica celebrada cincuenta días después de la Pascua para conmemorar el descenso del Espíritu Santo sobre los apóstoles y el bautismo de unos 3 000 nuevos cristianos (Hechos 2:1–41). Con ella se reconoce la naturaleza misionera de la Iglesia a través del Espíritu Santo.

persecución: situación vivida por los cristianos en el Imperio Romano que significa que los cristianos de los primeros tiempos eran arrestados, maltratados o muertos solo por sus creencias religiosas.

plagas: en Éxodo, esas fueron las diez plagas que Dios envió a Egipto antes de que el faraón accediera a liberar a los israelitas de la esclavitud. Las diez plagas fueron: el agua se volvió sangre, ranas, insectos dañinos, animales salvajes, enfermedades del ganado, llagas, tormenta de granizo y fuego, langostas (insecto), tres días de oscuridad y la muerte de la varones primogénitos.

pobreza: situación de alguien que no tiene acceso a los bienes necesarios para cubrir sus necesidades básicas, entre las que se cuentan el alimento, el agua limpia y el techo.

prejuicio: una idea preconcebida acerca de alguien o de un grupo que generalmente se basa más bien en estereotipos que en la experiencia real.

protestante: nombre dado a las iglesias que surgieron a consecuencia del cisma que sobrevino a la Iglesia Católica debido a que esos grupos protestaban contra lo que estaba sucediendo en ese entonces en la Iglesia.

rito de aceptación: rito a través del cual una persona interesada se convierte en catecúmeno. Durante este rito, la persona interesada declara su intención de convertirse en miembro bautizado de la iglesia católica y miembro de la comunidad parroquial. La comunidad confirma el deseo del indagador y este se convierte oficialmente en un catecúmeno.

rito de bienvenida: aquellas personas interesadas que han sido previamente bautizadas pero no han recibido ningún otro sacramento, se convierten en candidatos al proceso del RICA mediante este rito.

rito de elección: un candidato o catecúmeno es aceptado para recibir el sacramento de iniciación o se acepta su decisión de elegir la iglesia católica.

rito de iniciación: se realiza durante la misa de la Vigilia Pascual, este es el rito en el que se reciben los sacramentos de iniciación y los candidatos y catecúmenos se convierten en neófitos de la Iglesia (ver **sacramentos de la iniciación** y **neófito**).

sacramento: signo e instrumento mediante el cual el Espíritu Santo difunde la gracia de Cristo por toda la Iglesia, su cuerpo. La Iglesia celebra siete sacramentos: Bautismo, Penitencia y Reconciliación, Eucaristía, Confirmación, Orden Sagrado, Matrimonio y Unción de los Enfermos.

sacramento del Matrimonio: el sacramento por el que un hombre y una mujer, el novio y la novia, se unen tan estrechamente que se convierten en uno, aceptando la bendición y la responsabilidad de traer nuevas vidas a la Iglesia.

sacramentos de iniciación: sacramentos recibidos para convertirse en miembro pleno de la Iglesia Católica: Bautismo, Confirmación y Eucaristía.

sanación: en el sacramento de la Unción de los Enfermos y en ministerio de sanación de Jesús, este es el acto de fortalecer el alma de quienes lo reciben y darles el coraje para estar en paz y enfrentar las pruebas que puedan presentarse, sean ellas la enfermedad que no remite, una cura o la muerte.

santo óleo: utilizado en la Unción de los Enfermos como signo físico de la preparación del enfermo para recibir el Espíritu Santo.

sustancia: en un contexto espiritual, la sustancia describe lo que Dios es, un ser cuya esencia demanda que exista en sí en lugar de existir en o debido a otro.

Unción de los Enfermos: un sacramento de sanación con el que la Iglesia da continuidad al ministerio de sanación de Jesús.

ungido: durante el sacramento de la Confirmación, el obispo hará el signo de la cruz con el santo óleo sobre la frente del confirmante como signo físico de que el Espíritu Santo ha venido a habitar en su corazón.

Vaticano II: reunión de obispos católicos, laicos y líderes de otras comunidades religiosas convocada en 1959 por el papa Juan XXIII. Esta reunión estuvo centrada en la importancia de la actividad de los laicos en la Iglesia, del estudio de la Biblia, del trabajo conjunto con otras religiones para promover la justicia social y de la celebración de la misa en el idioma del pueblo concurrente a ella, entre otras cosas.

vela (bautismal): se entrega a los recién bautizados. Esta vela se enciende con el cirio pascual y simboliza que Jesús es la luz de la Iglesia y la luz que guía al recién bautizado.

vestimenta blanca: los recién bautizados son vestidos con ellas para simbolizar que se han convertido en personas nuevas, arropadas en Jesucristo.

votos: estas son las promesas que, durante la celebración del sacramento del Matrimonio, el novio y la novia se hacen ante Dios y sus testigos.